泉城文库

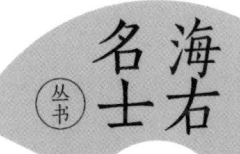

济南出版社

海右名士丛书

耿仝 著

秦琼

图书在版编目（CIP）数据

秦琼 / 耿仝著. -- 济南：济南出版社，2024.4
（海右名士丛书）
ISBN 978-7-5488-6314-4

Ⅰ.①秦… Ⅱ.①耿… Ⅲ.①秦琼–传记 Ⅳ.
①K825.2

中国国家版本馆CIP数据核字(2024)第071136号

秦琼
QINQIONG
耿仝 著

出 版 人 谢金岭
责任编辑 范玉峰 李敏 张冰心
装帧设计 牛钧

出版发行 济南出版社
地　　址 山东省济南市二环南路1号（250002）
总 编 室 0531-86131715
印　　刷 济南新先锋彩印有限公司
版　　次 2024年4月第1版
印　　次 2024年4月第1次印刷
开　　本 160 mm×230 mm 16开
印　　张 13.75
字　　数 153千字
书　　号 ISBN 978-7-5488-6314-4
定　　价 58.00元

如有印装质量问题 请与出版社出版部联系调换
电话：0531-86131736

版权所有 盗版必究

前言：勇决近仁

秦琼，是一个家喻户晓的人物。

通俗文学中的秦琼，其人有血有肉、鲜活生动，其事丰满细致、情节曲折。他武艺精湛，侠肝义胆，忠孝双全，与之相关的瓦岗归义、当锏卖马、取马走金堤等故事脍炙人口。秦琼从众多隋唐英雄人物中脱颖而出，集多种优良品质于一身，成为战功卓著、有勇有谋、忠义双全的大英雄，几近完人。在民间风俗中，秦琼则被神化，成为抵御邪祟入宅的门神，有护佑平安的神奇力量。在秦琼的故乡，甚至还产生了完全脱离讲史小说、戏曲、评书等故事体系的"秦琼传说"，出现了秦琼故宅一夕化渊之类的口头叙事文学。

而历史文献中的秦琼，其形象是片段化的，关于他的记载零散且简略。《旧唐书》《新唐书》中，秦琼的传记只有千把字，讲述了秦琼的大致生平和几则与征战有关的故事。其中几段细节描述和对话，也基本是转述唐代文人笔记的逸闻。我们无法全面了解秦琼的人生经历、脾气秉性，甚至连他的大致年龄也不得而知。仅从史料看，秦琼最突出的形象特征就是骁勇，在同时代的人物中，秦琼的勇武是耀眼的，但他的历史地位和作用似乎是有限的。

秦琼在世俗和历史中截然不同的形象，导致人们难以对他形成准确认知和客观评价。若说熟悉，人们并不了解历史中的秦琼；若说不熟悉，几乎人人都可以说上一段关于秦琼的故事。所以，这本小书并未复述关于秦琼的各种演义故事和传说，而是试图拨开来自通俗文化的干扰，还原出一个历史上真实的秦琼；并简略讲述经过元、明、清三代通俗文学的演绎和再创作，秦琼形象如何变得日趋完美，逐渐从史书中的一员武将演变为世俗化的绝代英雄。

关于秦琼的生平事迹，历史的记载十分简单，但充满传奇和惊险。他生于隋末乱世，最初是隋朝名将来护儿的属下。来护儿曾评价秦琼道："此人勇悍，加有志节，必当自取富贵。"嗣后，秦琼随齐郡通守张须陀镇压农民起义，张须陀兵败身死后，秦琼率残部依附了据守虎牢的隋军将领裴仁基。裴仁基归降瓦岗军李密时，秦琼无奈之下随之加入。之后，秦琼又随李密转投东都皇泰主杨侗，未果。李密兵败，秦琼被郑国公王世充俘虏。后来，秦琼见王世充并非真豪杰，又在九曲城下临阵反戈，归附李唐。此后，秦琼随秦王李世民四处征战，战尉迟恭，伐宋金刚，讨王世充、窦建德、刘黑闼，因功授上柱国，获封翼国公。秦琼参加玄武门兵变助李世民夺得帝位后，拜左武卫大将军，死后追赠徐州都督，陪葬昭陵以彰其功。

秦琼以勇猛彪悍著称，他刚强坚毅，身处乱世也心怀建功立业的志向，从未因失败和凶险而散去。他聪慧机敏，识时务、能自知，谨言慎行，屡次在乱世中做出正确选择，终得功成名就、善始善终。观其一生，不禁想到孔子的一句话："刚、毅、木、讷，近仁。""仁"是孔子思想所认为的人格的最高境界，不易达到，却可以从刚强、坚毅、质朴、慎言这四种美好品质做起。秦琼的刚强使他不为虚妄的欲望所动摇，坚毅使他不被挫折和威势所屈服，质朴使他始终保持敦厚严谨的作风，慎言使他避免了在隋末地方割据和唐初政治旋涡中遭到迫害和排挤。如此看来，以骁勇著称的秦琼也近乎仁德。他未必完美，却非常人。

非物质文化遗产项目"秦琼传说"代表性传承人　耿　仝

目录

第一章　秦琼家世：英雄也要问出处　001
第二章　仕隋征战：累功晋授建节尉　023
第三章　转投义军：瓦岗军中猛将军　045
第四章　弃郑归唐：乱世之中择明主　065
第五章　平复河东：战功赫赫显威名　087
第六章　决战虎牢：秦王帐下勇将军　107
第七章　国之元臣：功成国定真英雄　127
第八章　隋唐故事：好汉英名四海扬　151
第九章　民间传说：故老闲坐话秦琼　175
附　篇　关于秦琼的部分史料　　　199

第一章

秦琼家世：
英雄也要问出处

秦琼

秦琼（？—638），字叔宝，齐州历城（今属山东省济南市）人。秦琼常被称作"秦叔宝"，是隋末唐初名将，冲阵斩将，勇力绝人。他生前曾获封翼国公，拜左武卫大将军，死后被列为"凌烟阁二十四功臣"之一。

不论在史书还是在民间传说中，秦琼都是一位声名赫赫的大英雄。那么，秦琼出自哪个家族？其后人又都如何？这些在史书中没有具体记载。正因如此，历代各种说唱话本、讲史小说在这方面大肆演义。盛名之下，秦琼的家世反而扑朔迷离起来。近几十年来，秦琼父亲以及秦琼子孙的墓志陆续出土，才勉强还原出真实的秦琼家世。我们从这一家族的发展史中，可以看到家族传承对秦琼的有益引导，以及秦琼对秦氏后人的诸多影响。

万石秦氏

秦琼

秦是一个古老且多源流的姓氏。秦姓的来源，主要有嬴姓秦氏和姬姓秦氏两支，秦琼的家族就出自其中一支。

陕西秦氏出自嬴姓。伯益后裔非子为周王室牧马有功，被周孝王封为王室附庸，邑于秦亭（今甘肃省清水县境内），"秦"为国号，始自是

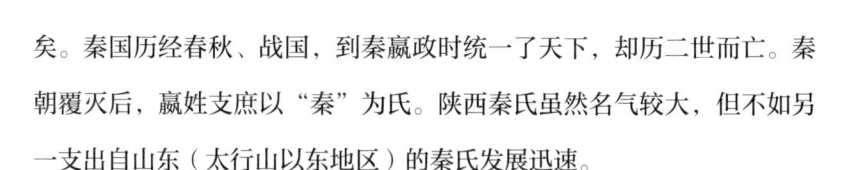

矣。秦国历经春秋、战国，到秦嬴政时统一了天下，却历二世而亡。秦朝覆灭后，嬴姓支庶以"秦"为氏。陕西秦氏虽然名气较大，但不如另一支出自山东（太行山以东地区）的秦氏发展迅速。

山东秦氏出自姬姓。周武王时，其弟周公旦被封于鲁（今山东省曲阜市）。周公旦儿子伯禽接封鲁国，其裔孙中有一支食邑于秦（今河南省范县旧城），后其子孙以邑名为姓，多数的史籍均以这支秦姓为正宗。姬姓秦氏自河南、山东一带开始向各地发展，主要是向西方、南方迁移。到战国末期，这支秦姓人已从发源地向四面八方播迁，广泛分布在今河南、山东、河北、陕西、湖北、四川等地。

姬姓秦氏繁衍昌盛，逐渐成为秦姓的主流。名医扁鹊秦越人，"孔门七十二贤"中的秦祖、秦冉、秦非、秦商，均出自这一支秦姓。秦末有一秦同（？—前177），曾从刘邦起兵于薛（今山东省滕州市官桥镇和张汪镇之间）。汉高帝八年（前199）三月，秦同受封彭侯，食邑千户。汉孝文帝三年（前177），秦同病逝，谥号"简"。秦琼之父秦爱的墓志中曾提到秦同："汉世功臣，简侯懋山河之绩。"可见秦琼的秦姓即源自山东秦氏。

西汉初年，为巩固中央集权，清除各地旧贵族和豪强势力，刘邦采纳了谋士娄敬的建议，把原六国贵族后裔和关东（函谷关或潼关以东地区）豪族二十多万全都迁徙到关中。在这些迁徙的豪族中，有一支来自山东的秦姓迁居到了扶风茂陵（今陕西省兴平市东北）。这支秦姓世家人丁兴旺，为官者众多，逐渐发展为一大望族。西汉中期，这支秦姓人中颍川太守秦袭等五人均是俸禄二千石的官员，他们的俸禄加起来有一万石，所以人们称这支秦姓为"万石秦氏"。秦琼家族的源头就是万

《后汉书·循吏列传·秦彭传》书影

石秦氏。

东汉初，万石秦氏中的秦彭名盛一时，秦琼一族以秦彭为远祖。秦琼次子秦怀道的墓志《唐故常州义兴县令上柱国秦府君墓志铭并序》中称："公讳怀道，字理。其先出自右扶风，汉山阳太守彭之后也。"秦彭（？—88），字伯平，扶风茂陵人。初拜骑都尉，协助驸马都尉耿秉北征匈奴。章帝时为山阳（今山东省金乡县西北）太守。秦彭在山阳任上，推崇儒学，以礼义教育百姓。后人将其管理土地的方式归纳为"秦彭渡田条式"，成为中国最早的田产专门类文件。六年后，秦彭又调任颍川（治所在阳翟，今河南省禹州市）太守。据说，颍川在其治理下常有凤凰、麒麟、嘉禾、甘露等祥瑞出现。

秦彭的后裔中有一人名为秦宜禄（？—199），是三国时期一个名不见经传的将领。他年轻时曾参与行刺董卓，后成为吕布的部将。曹操与刘备联盟攻打吕布时，曹操把秦宜禄的妻子杜氏纳为己有，秦宜禄的儿子秦朗则跟随杜氏生活。吕布死后，秦宜禄投降了曹操，成为铚县（今安徽省濉溪县西南）县令，后来被张飞所杀。秦宜禄的儿子秦朗（生卒年不详），字元明，小字阿苏。秦朗早年随曹操长大，但经历曹操、曹丕时代一直都没有出仕。直至曹叡即位后，秦朗被召命为骁骑将军、给事中，并且经常伴随曹叡出行。曹叡喜欢秦朗的品行，询问他时常唤他小名"阿苏"。秦朗曾率兵讨伐鲜卑轲比能和步度根的叛军，官至骁骑将军、给事中。

秦朗的儿子秦秀，为秦琼的太（七世）祖。秦琼孙子秦佾的墓志《皇朝故潞州司法秦君墓志铭并序》中曾提到："九代祖秀，晋金紫光禄大夫、太常卿；金章辉映，荣宠盛于朝端；紫绶纷蕤，班服光于礼署。卿士左右，王祥或听于恪之；皇帝乘舆，□荣□□于几杖。"

秦秀（生卒年不详），字玄良，新兴云中人，是西晋时期的人物。秦秀少年时曾广泛阅读经书史书，他被举荐为孝廉，却没有去参加选官，而是隐居起来，白天靠卖饼谋生，夜晚就诵读经典。秦秀通晓"五经"，尤善《尚书》大义，他讲解经书时往往有数百学子旁听，时有"'五经'从义者出"的赞誉。秦秀在咸宁年间充任太常博士（太常属官，掌引导乘舆、拟

《晋书·秦秀传》书影

秦 琼

议王公以下谥号、参议朝廷礼仪典章），多年后官至录尚书事（相当于辅政大臣）。秦佾墓志中称秦秀的官职为太常卿加官金紫光禄大夫，与《晋书》的记载差不多。秦秀不畏权贵、疾恶如仇、勇于劝谏，史书称他"劲厉能直言"。

秦秀晚年得子，其子八岁时就已显露其勇猛和聪慧。当时的廷尉正（廷尉主官，为中央最高司法审判机构长官）周弼看到后感叹道："秦家大郎年幼即已如此，长大以后一定也能做到廷尉啊！"秦秀的儿子叫什么名字不得而知，若是周弼能看到后日的秦琼，肯定要大呼"有乃祖遗风"了。

秦秀是一个鉴别秦琼世家归属的关键人物。根据秦佾墓志，秦琼一脉出自秦秀，其家族的郡望为太原郡，而不同于以齐郡为郡望的秦姓支脉。秦姓的郡望，当时主要有天水郡、太原郡、齐郡、河内郡。唐代谱牒姓氏学专著《元和姓纂》中收录了当时各家族谱的一些内容，以太原郡为郡望的某支族谱"状称晋太常博士秦秀之后，裔孙生行其、行师。行其：渭州刺史。曾孙守：库部郎中、同州刺史，生昌舜。行师：右监门大将军，生无害：桂州都督、安南公也"。按这一世系，该书中收录的是以齐郡为郡望的某支秦氏族谱，虽然也称为秦彭之后，但其裔孙、曾孙均与秦秀没有关联。

秦琼的籍贯之所以在历城，只是因为秦琼的先祖又恰好迁回齐郡而已。

重返齐地

魏晋南北朝时期,战争连绵不断,政权更替频繁。百姓为躲避战乱,不得不离开祖地,四处迁徙。秦琼的先祖就是这一时代背景下迁回山东的。

秦琼的高(四世)祖名为秦起,曾任前燕乐陵郡太守。乐陵郡为东汉建安二十五年(220)置,治所最初在乐陵县(今山东省乐陵市花园镇)。曹魏改置乐陵国,武帝曹操之子曹茂被封为乐陵王,移治厌次县(今山东省惠民县),统厌次、乐陵、阳信、新乐、漯沃五县。十六国和北魏再改为乐陵郡,仍治乐陵县,统乐陵、阳信、厌次、漯沃四县。前燕时,青州治所也设在乐陵,后来迁回广固。至隋朝开皇初年,乐陵郡才被废置。

秦起是秦琼的直系先祖。秦琼之子秦怀道的墓志中对此记载道:"其先出自右扶风,汉山阳太守彭之后也。六世祖起仕燕为乐陵郡守,子孙从因宦,家于齐,为齐州历城县人

北朝壁画中的贵族出行场景

焉。"秦起在乐陵郡任职后,阖家搬至今齐国旧地,此后开枝散叶,其籍贯也成为齐州历城县。

关于秦琼的直系祖先,史书乏陈。明清时期的讲史小说《隋唐演义》《说唐演义全传》《兴唐传》中,将秦琼的祖父杜撰为秦旭,将其父杜撰为秦彝,这种说法在民间流传很广。《兴唐传》中,秦彝是南陈太宰秦旭之子,镇守武昌马鸣关,手中一条虎头錾金枪,并以秦家瓦面金装锏天下闻名。后隋朝靠山王杨林兵发南陈,秦彝死守马鸣关而战死。而在《隋唐演义》《说唐演义全传》中,秦彝是北齐领军大将秦旭之子,封武卫大将军。北周武帝伐北齐时,奉齐主之命镇守齐州,城破不降,奋战而死。甚至关于秦彝如何死去也有不同说法,《隋唐演义》中说他自刎而死,《说唐演义全传》中则称其被杨林所杀。直到秦琼之父秦爱的墓志出土后,才确定了秦琼的曾祖父为秦孝达、祖父为秦方太、父亲为秦爱,三代系魏、齐两朝的文职官吏。

秦起的儿子秦孝达,是秦琼的曾祖。秦孝达官至广年县县令,此地应为北魏太和二十年(496)复置的广年县(今河北省邯郸市永年区),而不是西汉始置、三国魏沿袭、西晋永嘉后废除的广年县。秦孝达的经历,据秦琼的父亲秦爱的墓志记载:秦爱"祖孝达,魏广年县令。虽复鸣弦下邑,治丝之巧,未申制锦,良工操刀,之用方远"。秦孝达是一位贤者,他出任县令期间,治政有方,人民安乐,为治下百姓所称道。

秦孝达的儿子秦方太,是秦琼的祖父。关于秦方太,秦爱的墓志中记载道:秦爱"父方太,齐广宁王府记室。元瑜书记,德施文词。晋蕃伫其良规,魏后称其愈疾"。

秦方太最初是北齐广宁王府的记室。广宁王高孝珩是神武帝高欢

北齐壁画中王公鞍马游骑的场景

之孙,文襄帝高澄次子。高孝珩初任司州牧多年,后历任尚书令、录尚书事、司空、司徒、大将军、大司马等职。北齐灭亡后,高孝珩还曾与任城王高湝一起召集数万兵士,试图复兴北齐。北周名将宇文宪大举进攻,高孝珩因兵力薄弱、寡不敌众,力战后被俘。

记室,是东汉才出现的官职,晋代诸公及位从公以上府都设置记室。北齐因之,皇弟皇子府、嗣王蕃王府、公府、持节都督府皆置记室参军,品级从七品至九品不等。记室参军的主要职责是掌管文书,包括文疏章表奏报的起草和记录,并承担一部分管理工作,相当于诸侯王的幕僚长。秦方太在记室岗位上,"元瑜书记,德施文词"。元瑜,即阮瑀,字元瑜,东汉末年文学家,建安七子之一。阮瑀以章表书记称美于当时,彪炳于后世,曹丕曾称赞他"书记翩翩,致足乐也"。德施,即孙惠,字德施,也曾做过记室参军。孙惠善书檄,他起草文疏时,应命立成,且皆有文采。将秦方太与阮瑀、孙惠作比,是后人的溢美之词。秦方太颇具文采,在任上通过文辞来安抚人心,施行仁德。秦方太的才能甚至获得了北齐开国皇帝文宣帝高洋的赞赏,并采纳他提出的建议,称他对政策的处理如名医愈疾。

秦方太的儿子秦爱,同样也是北齐官员。父子二人在动荡中找寻到"历城"这片相对安稳的土地。

秦 琼

定居历城

关于秦琼的里籍，《旧唐书》《新唐书》中均称"齐州历城"。自秦琼的父亲秦爱开始，这一支秦氏的籍贯均为"齐州历城"。关于秦氏的籍贯，贞观二年（628）的秦爱墓志中称"齐郡历城"，永徽三年（652）的秦贞墓志中称"齐州历城"。秦琼几个孙子的墓志也有记载，圣历三年（700）的秦佾墓志中称"齐国临淄"，景龙元年（707）的秦利见墓志中亦称"齐郡"，天宝元年（742）秦晙墓志中称"临淄历城人"。墓志中的"齐郡""临淄"，俱为齐州在不同历史时期的旧称。

秦爱（546—614），字季养，齐郡历城人。秦爱的生平事迹，大多来源于秦爱墓志及秦琼其他亲属墓志的记载。

秦爱墓，1995年发现于济南经七路小纬六路一工地内。该墓距地表两米多，墓室坐北朝南，是一个单墓室，面积约为9平方米。整个墓室高两米左右，墓室东南角为墓门，门外是墓道。墓有两扇石门，门楣上刻浅浮雕羊

秦爱墓志

头纹饰。墓室用加工过的长方块石砌成，墓壁厚约40厘米。墓室的顶是用石板叠涩砌筑，为攒尖顶，大部分已塌陷。该墓早年已遭破坏，墓中仅出土墓志一方、残损的彩色陶俑数件。

秦爱墓志为一石碣，以青石为之，通体磨光，顶部为圆形、下部为方形。石碣高84厘米，宽40厘米，厚10厘米。石碣有石质底座，为长方形、锥台式，高20厘米、宽30厘米、长50厘米。石碣上刻的碑文为楷书，文字共22行，有界格，满行38字，最后一行3字在石碣一侧。全篇墓志共计790字，其中有三个字已经磨损，文字纵1.5厘米、横1.8厘米。石碑出土时完好，后在保存过程中摔断为两块。

关于秦琼父亲的名字，过去人们根据秦琼后人墓志认为他名为秦季。秦贞墓志中称其为秦养，其余子孙墓志中皆称秦季。直到秦爱墓志出土后才明确，秦爱只是字季养，以上情况均系避讳缺字。

秦爱出生于东魏时期，自幼秉性仁孝，温和谦恭。平日待人接物素有诚信，行为正直，做事公正，淳朴笃实之誉闻名乡里。北齐时期，秦爱入仕，在斛律武都手下出任录事参军。斛律武都（544—572）是北齐名将、咸阳王斛律光的长子，北齐天保年间（550—559），授通直散骑侍郎。迎娶义宁郡长公主后，拜驸马都尉、散骑常侍，迁安东将军、仪同三司、兴势县侯。斛律武都开幕府时，经地方推荐，召秦爱为录事参军。北齐时，诸公府、将军府、诸州府均置录事参军，掌管各曹文书及纠察等事，品秩为六品上至七品上。斛律武都出身北齐名将世家，位高权重，历任西兖州、梁州都督，加开府仪同三司，别封永安县开国侯。后入为侍中、左卫大将军，徙食清河郡干，再出任骠骑大将军、兖州刺史，加位特进。秦爱并非出身大世家，所以一直充任高级幕僚，官职并

秦琼故宅旧址
（摄于20世纪20年代）

不高。斛律武都跟秦爱年纪差不多，他看重秦爱的学识和人品，对他多有照拂，"恩纪之深，群僚莫及"。

斛律武都素无政绩，只会课重税来搜刮民财，口碑并不好。武平三年（572），斛律光被人设计陷害谋反，被诛满门。数年后，北齐被宿敌北周灭掉，秦爱于风雨飘摇中回到齐郡历城县隐居。这前后，秦爱的父亲、广宁王府记室秦方太也在战乱中死去。杨坚代周建隋之际，一直遭受北周压制的旧齐人士积极参与到这场变革中，各路大军也都招贤纳士。但秦爱不参与任何一方的争斗，只想隐居乡野，多次拒绝各路大军的邀约。

秦家在历城县的土地、房产，极有可能是秦琼的祖父秦方太置办下的。秦爱在这里过了三十余年与世无争的乡居生活，"乡党长幼，爱而敬焉"。隋大业十年十一月二十一日（614年12月27日），秦爱终于齐州历城县怀智里的老宅中，享年六十九岁。

父凭子贵，唐武德八年（626），高祖李渊诏赠秦琼的父亲秦爱为上轻车都尉（勋官名，比正四品）。贞观元年（627）十一月，新登基的太宗李世民再次追赠，诏曰："故上轻车都尉秦季养，守志丘园，早先风露。其子左武卫大将军翼国公叔宝，委质府朝，功参王业，宴禀庭训，克成厥美。乃眷遗范，宜饰哀荣，可赠持节瀛州诸军事、瀛州刺史，上轻车都尉如故，礼也。"这相当于追赠秦爱为瀛州节度使，三品职。

秦爱后世子孙的墓志中，对秦爱的这次追赠也有相似但不相同的记述。如秦琼的妹妹秦贞墓志铭中称："父秦养，唐瀛州刺史使持节瀛州诸军事。"秦琼的儿子秦怀道《唐故常州义兴县令上柱国秦府君墓志铭并序》中称："曾祖季，北齐咸阳斛律武都府录事参军。贞观初，追赠瀛州刺史、上柱国、历城县开国公，食邑一千户，爱初筮仕，遽升弹乱之曹，宠赠哀荣，终当刺举之职。"秦琼的孙子秦佾《皇朝故潞州司法秦君墓志铭并序》中称："曾祖季，齐荆王府司马。霞台翼翼，而孙帝子之居；柳观铮铮，文□衣冠所集，雍容待侍从，对楚国之雄风；游豫绯綑，赋梁园之白雪。俄瀛州刺史、上柱国、历城县开国公，食邑三千户。蓬瀛可望，仙霞之气杳冥；水陆兼通，灵海之波沃荡。公褰帷坐理，贾琮名冠于两河；叱驭从官，王尊声播于三蜀。使人以信，郭细侯之莅并州；当宦以清，吴处默之临广部。"秦琼的孙子秦晙《大唐故吉州司马秦府君墓志铭并序》中称："曾祖季，随任荆王府长史、上柱国、历城县开国公，食邑三千户，赠瀛州刺史。望重邹枚，曳裾藩邸，贵锡茅土，光贲竹符。"

秦爱及其女儿秦贞的墓志中，都只是提到"持节瀛州诸军事"。而秦琼子孙的墓志中，除都提到持节瀛州诸军事外，还异口同声地说贞观年初曾追赠秦爱上柱国、历城县开国公。"上柱国"是一种勋官称号，主要用于表彰在战争中有功的人员。唐代勋级分为十二等，上柱国是最高等级。获得上柱国勋级的人无论其官职大小，都享受正二品待遇。追赠上柱国，即一种荣誉象征，也代表了国家对个人贡献的高度认可。"开国县公"是封爵称号，唐代施行的是"九等爵"制，即王、郡王（嗣王）、国公、开国郡公、开国县公、开国县侯、开国县伯、开国县子、开国县男。秦琼在武德年间就已经被封为翼国公，比县公高两等。历城县公的食邑，秦琼之子秦怀道的墓志中称其"食邑一千户"，秦琼孙辈的墓志中则多称"食邑三千户"。唐朝封爵中的食邑多为虚封，但按惯例，开国县公食邑应为一千五百户。

秦爱去世时，秦家并不富足，加之战乱频发，没条件厚葬。秦琼借着贞观元年的这次追赠，返乡重修祖茔。贞观二年（628）正月十三日，改葬秦爱于齐州历城县怀智里。怀智里的具体位置，当是秦爱墓志出土的位置，即今天的济南市市中区经七小纬六路一带。

秦琼请人为其父书撰写了墓志铭。根据墓志的行文风格及字形笔迹，推测撰稿及书写者可能是秘书少监、与秦琼同列"凌烟阁二十四功臣"的虞世南。

秦氏家族

据现有资料推测，秦琼一族人丁并不兴旺。秦爱生育有四子一女，秦琼极有可能是他的第三子。

秦琼的同辈亲属，目前我们可以了解到的只有其妹秦贞。秦贞的墓志发现较晚，2009年出土于西安南郊少陵原。秦贞，字玉胜，嫁给了唐朝开国功臣李思行。李思行是赵州平棘（今河北省赵县）人，隋朝末年投靠太原留守李渊，参加晋阳起兵，授左三统军，后受封骠骑将军。秦琼跟随李世民征战兴唐期间，秦贞与李思行完婚。武德年间，李思行出任李元吉的齐王府护军，玄武门之变后被赦免，累迁嘉州刺史，封乐安郡公（正二品）。永徽初年，李思行去世，追赠洪州都督，谥号为襄。

秦琼的儿子，已知的有三人，分别是长子秦彦道、次子秦怀道、三子秦善道。

秦彦道（生卒年不详），官至左卫亲府左郎将，该官职是左右卫所领亲府次官之一，品秩为正五品上。秦彦道娶尉迟氏为妻，是尉迟宝琳的女婿。尉迟宝琳，字元瑜，鄂国公尉迟恭的嫡长子。他年幼袭封鄂国公，授卫尉少卿，协助卫尉卿掌供宫廷、祭祀、朝会之仪仗帷幕，通判卫尉寺事务。后迁右卫将军、卫尉卿。秦彦道资质平庸，门荫入仕后一直未再升迁。

秦彦道是秦琼的长子，之所以这么说，是因为秦彦道的儿子秦利见墓志《大唐故胡国公嫡孙许州鄢陵县丞秦府君墓志》中有"胡国公嫡孙"的说法。在中国古代宗法制度中，嫡孙指正妻所生的第一个儿子的儿子，即嫡长孙。嫡孙在家族中地位特殊，他们在继承、祭祀等方面拥有优先权。当然，后世所称"嫡孙"也可指代所有亲孙子，但在宗法制比较严苛的唐代，"嫡孙"的概念是没有歧义的。秦家与尉迟家联姻之人正是秦彦道，符合其嫡长子身份。

秦怀道（625—684），本名秦理，是秦琼的次子。秦琼去世时秦怀道只有十四岁，他以勋贵子弟起家左千牛备身，最初是负责太子安全的侍卫武官。左千牛备身任期届满后，出任绵州（今四川省绵阳市）司士参军事，掌绵州津梁、舟车、舍宅、百工众艺之事，品秩为从七品下。后转任常州义兴县（今江苏省宜兴市）县令，品秩为从六品上。此后，

秦怀道墓志盖（拓片）

秦怀道袭爵历城县公、上柱国。历城县公，是唐太宗追赠给秦琼父亲秦爱的勋爵。秦琼死后，其子没有承袭秦琼的胡国公，而是承袭了其祖父的历城县开国公勋爵，降低了两等。由此可见，李世民对秦氏家族是有所压制的。

秦怀道袭爵历城县公，也证实了秦彦道是长子、秦怀道为次子的推测。唐代律法规定："无嫡子及有罪疾，立嫡孙；无嫡孙，以次立嫡子同母弟；无母弟，立庶子；无庶子，立嫡孙同母弟；无母弟，立庶孙。"嫡子、嫡孙在宗祧继承上享有不同程度的优先权。一般的立嗣顺序是，如果没有嫡子或者嫡子有罪疾，那么立嫡孙；没有嫡孙，就立嫡子的同母弟；嫡子没有同母弟，就立庶子；没有庶子，就立嫡孙的同母弟；嫡孙没有同母弟，就立庶孙。秦爱为历城县公，其嫡子秦琼因有国公爵位自然无法袭爵，则应由秦爱的嫡孙秦彦道袭爵。但袭爵历城县开国公时，秦爱的嫡孙秦彦道已亡故，嫡子秦琼又没有同母弟，所以就由庶孙秦怀道袭爵。

秦怀道致仕后，曾前往括州括苍县（今浙江省丽水市）居住，六十岁时在括苍去世。秦怀道育有二子，名秦景倩、秦佾。

秦怀道死后三十四年，开元六年（718）十二月二十三日，迁葬于洛阳县清风乡南原。唐清风乡在今河南省洛阳市孟津区平乐镇平乐村北之邙山，这里应该是秦琼家族墓地的所在地，秦琼之外的族人多葬在这里。

秦善道（生卒年不详），是秦琼的三子。秦善道继承了秦琼的诸多优点，有才干、有见识、有韬略。他没有辱没秦琼的名声，官职要比其两位兄长高很多。秦善道最初任太子左清道率，主要掌管东宫内外昼

秦琼

夜巡警之事，品秩为正四品上。后迁左金吾卫将军，掌宫中、京城巡警及烽候、道路、水草之宜，品秩为从三品。秦善道后为上柱国，食邑千户，享受正二品待遇。秦善道育有一子，名秦晙。

秦琼或许还有其他儿子和女儿，但目前可知的仅此三人。秦琼的儿子全是依靠秦琼的荫庇才得以出仕，且大多是武职。与秦琼相比，他们的官职和勋爵都不算太高。

秦琼的直系孙辈，目前可知的有四人，分别是秦利见、秦景倩、秦佾、秦晙。

秦利见（？—707），秦彦道之子，是秦琼的嫡孙。秦利见的出身非常好，既是胡国公秦琼的嫡孙，又是鄂国公尉迟宝琳的外孙。但从秦利见一生的境遇来看，他未获多少荫庇，只是到了武则天执政时才以辇脚出身入仕。辇脚，是唐人间接依荫资入仕的方式之一，仅次于常举、武举、制举和挽郎出身。《通典·选举典》记载："其外文武贡士及应制、挽郎、辇脚、军功、使劳、征辟、奏荐、神童、陪位，诸以亲荫并艺术百司杂直，或恩赐出身受职不为常员者，不可悉数。大率约八九人争官一员。"辇脚不具备常置性，只在皇帝举行重大礼仪或需出幸之时方见简充。

天册万岁二年（696），已七十三岁的女皇武则天从洛阳前往嵩阳县嵩山，登坛加封中岳，尊岳神天中王为"神岳天中皇帝"，岳神配偶天灵妃为"天中皇后"。武则天为了笼络勋贵之后，提拔了一批李唐旧臣之后入朝，秦利见就是借此时机成为辇脚，获得为官资格的。辇脚的年龄，应和斋郎差不多，在十五岁以上、二十岁以下。由此推算，秦利见的生年应在高宗李治仪凤元年（676）至开耀元年（681）之间。辇脚出身只不过是出仕为官最基本的一种资格，秦利见后来只获得了许州鄢陵（今属河南省许昌市）县丞的官职，品秩为正九品。

神龙三年（707）八月二十五日，秦利见于洛州合宫县（今属河南省洛阳市）道光坊宅中去世。秦利见葬于洛阳城北北梁村，这一位置在秦怀道墓所在的清风乡南原。

秦景倩（生卒年不详），秦琼次子秦怀道之子。关于秦景倩的历史记载极少，具体事迹已无从可考，只知道他曾任过越州山阴（今浙江省绍兴市）县令。

秦佾（？—699），秦琼次子秦怀道之子。秦佾以千牛卫录事参军事出仕，职满后出任潞州（今山西省长治市）司法参军，品秩为正七品下。秦佾到任后，执法理狱，督捕盗贼，追赃查贿，非常尽心。据墓志记载，秦佾卒于洛阳城内道光坊的家宅中。秦琼的孙辈秦利见、秦佾都住在洛阳城道光坊，所以秦彦道、秦怀道的宅院也可能位于这里。

秦晙（668—739），字景嗣，秦琼三子秦善道之子。秦晙是秦氏子孙中文化程度较高的一个，他以门荫补弘文生，入弘文馆读书。弘文馆，既为国家藏书之所，亦为皇帝招纳文学之士之地，是唐代中央官学的重要组成部分。弘文馆的学生，基本是选自皇族贵戚和高级京官的后代。秦晙参加明经科考试擢第，授左率府兵曹参军，品秩为正七品上。随后又转鸿州（今陕西省南县）司户，掌户口帐籍等事。后因公事犯错被免除了司户官职，贬为临海郡始丰县（今浙江省天台县）县令。后又迁吉州（今江西省吉安市）司马，与长史、别驾共同辅佐刺史处理地方事务，品秩为从六品上。秦晙是秦琼后人中少有的文人官员，娶河东裴氏为妻，育有两子，名秦凑、秦洽。

秦琼

秦琼的曾孙辈，目前可知的只有秦凑、秦洽两人，俱为秦晙之子。

秦凑是秦晙的长子，事迹缺考。

秦洽（699—735），字伯淮，"幼而岐嶷，长而聪敏。学诗礼以过庭，闻俎豆而入庙。未及弱冠，而已策名"。他曾任豫章郡（今江西省南昌市）参军，任期满后就没有继续出任官职，而是回到洛阳。秦洽娶卢阳郡太守刘处泰之女为妻，育有一子，名秦寰。开元二十三年（735）正月十六，秦洽病故，年仅三十六岁。天宝十三年（754）七月十二，其妻刘氏故于洛阳大阳里，年仅三十五岁。嗣后，二人合葬于洛阳的金埔乡。

秦琼的孙辈后裔，大多住在东都洛阳。亲族中，秦琼陪葬于昭陵（位于今陕西省礼泉县）；秦琼的妹妹秦贞随夫葬在少陵原（今陕西省西安市南郊）；秦琼的儿子秦怀道，孙子秦佾、秦利见等皆葬在洛阳北邙（今河南省洛阳市北）秦氏的家族墓地中。

秦琼的直系后裔并不多。但自唐朝中晚期开始，各地秦氏就已有自称是胡国公之后的现象了，如大中八年（854）《唐故逸人陇西秦公墓志

北邙山图

秦洽墓志铭（拓片）

铭并序》、大顺二年（891）《唐故长沙郡秦府君墓志铭并序》。明清时期，秦琼在民间认知中属一流人物，所以很多秦氏家族在修族谱时不以始迁本地或世系分明者为始祖，而是攀附秦琼为本支祖先。如《历城县志》中收录的元代山东西路东平府德州防御使秦津墓前的《秦氏先茔碑》中称："秦氏世为济南历城县人，唐左武卫大将军胡国公叔宝之后也。"但随后又说"经五代丧乱，谱系无可考"，没有谱系便无法溯源至秦琼一脉。有不少秦氏族谱，甚至将小说《说唐演义全传》中的虚构人物列为世祖之一。如1936年临邑县来佛寺村（今属济南市济阳区太平

湖南东安《秦氏族谱》收录了小说杜撰的秦琼亲族

> 秦氏族谱
>
> 三十世祖相时
> 三十一世祖 秀 公讳孟原曾未膺时博士
> 三十二世祖 寓 字荣甫
> 三十三世祖效尧
> 三十四世祖 範 字师古
> 三十五世祖守道
> 三十六世祖 旭
> 三十七世祖 藝 桶文帝时為武衛將軍
> 三十八世祖 瓊 字叔寶唐高祖暨唐太府秦能剋隨將於萬眾之中後從太宗征累累立勳於封明祖公為淮烟淘
> 三十九世祖懷玉 爲驕騎大府
> 四十世祖 海
> 四十一世祖景通 唐宋献學士魚第应但有才名歎未小秦雅待詔前名
> 四十二世祖侑楷
> 四十三世祖 照
> 四十四世祖 觀 字少遊按不傳登中三元長於議論文翼為思耀宋元轶朗莊銑惠於弱孙若有祖聞閣族集及灑龍南渡書
> 四十五世祖鼎元 字二南宋建炎進士
> 四十六世祖悖德
> 四十七世祖逢吉
>
> 天水郡

街道）的《秦氏族谱》中称，该支秦氏迁自历城，奉秦琼为三世远祖，一世远祖、二世远祖分别对应《兴唐传》等书中提到的杜撰人物秦旭、秦翼（彝）。

今山东各地聚居的秦氏，除一小部分是过去郡望为齐郡的山东秦氏外，更多的是元明之际迁来山东的移民：鲁西地区秦氏多为洪洞县移民，鲁北地区秦氏多为枣强移民，鲁东沿海地区秦氏多为小云南移民。如济南历城区秦家道口秦氏、商河县秦家圈秦氏、钢城区秦氏，均是明洪武年间自河北枣强迁来的。

第二章

仕隋征战：
累功晋授建节尉

秦琼

大定元年（581）二月，北周静帝禅让帝位于杨坚，北周覆亡。隋文帝杨坚定国号为"隋"，定都大兴城。隋朝的建立，结束了自西晋末年以来近三百年的分裂局面。然而，隋炀帝过度消耗国力，最后引发了民变和贵族叛变，最终导致王朝的覆灭。隋朝传四世五帝，国祚三十七年。在这短暂的王朝中，秦琼在历城县出生，成年后四处征战，开启了他的戎马生涯。

历城秦氏并非世族，有些名声，却不显赫。秦琼的祖父是北齐的幕僚官，文章、军事都懂些，却不称名。秦琼的父亲秦爱在历城乡居三十余年，历北周、大隋，生活安稳，但家资并不丰厚，对秦琼的远大前程没有多少助力。秦琼完全凭自身本领于乱世中崭露头角，最后谋得国公之荣。

军中小校

虽然秦琼名声极响亮，但后人不知其生年，也不知他活了多少岁。秦琼的幼年事迹，文献并无提及。

在民间传说中，秦琼的父亲、祖父都是北齐将军，秦琼出生时，其父还给他取了一个太平郎的乳名，寓意在乱世之中"祖孙父子同建太平"。传说秦琼三岁时，其父领兵把守齐州。齐州城后为北周所灭，秦父力战死节。秦母领着秦琼逃出官衙，隐居于城中一条小巷内。秦琼十多岁时，生得"身长一丈，腰大十围，河目海口，燕颔虎头"，平素不喜读书，只爱舞刀弄棒、抱打不平。秦琼性情豪爽，勇猛仗义，喜欢结交豪侠，人们称他"交友似孟尝"。秦琼对母亲百依百顺，他与人相斗时，只要听到母亲呼唤，便立刻飞身跑回家，人们便以古时的吴国专诸相比，称他"孝母赛专诸"。

秦琼与齐州捕盗都头樊虎交好。这一日，樊虎带来消息，言说本州刺史刘芳声要招募捕快，已经向他推荐秦琼。秦琼自视为将门之后，自是不稀罕做拿贼起赃的捕快，但秦母劝说道："我儿，你的志气极大，但樊家哥哥说得也有理。你终日游手好闲，也不是了期。一进公门，身子便有些牵系，不敢胡为。倘然捕盗立得些功，做得些事出来也好。"秦琼一贯孝顺，听了母亲一席话便去了州衙。刘刺史见秦琼生得威猛，便让他也做了衙门中的都头。

这一说法在民间流传甚广，到了清代，捕快们还将秦琼视为其行业的祖师爷，在班房供奉秦琼牌位或身着捕快服的画像。

秦琼在齐州结交各路豪杰

都头秦琼像（清代周培春绘）

秦　琼

而在历史中，秦琼并没有做过捕头，他在成年后就加入了隋朝的军队。秦琼从戎后，关于他的历史记载才多了起来。

秦琼居住于历城县西郊，自小就在家侍奉父母，经营着家中几亩薄田。成年后，秦琼开始迷茫起来，不知自己的未来会是什么样子。他虽然非常孝顺，但成年后终要找一个出人头地的门路。秦琼不能凭借显赫的家世出仕，又不想一直做小地主，更不想做一个军中小卒。他想如他祖辈那般从军中谋一出身，却一直没有门路。

秦琼成年后，官府突然开始大规模征兵，兵员空缺的同时，也急需大量的低级军官和军事管理人才。秦琼顺利加入府军，如愿成为一名低级军官，也为家族获得了一定数量的田地。

秦琼的从军时间、从军年龄、从军动机以及加入了哪一支军队，并没有文献记载。隋代从军的年龄，最初规定十八岁以上为丁，六十岁以上为老，服役从成丁开始，至老始免，役龄内的府兵轮番服现役。开皇三年（583），服役的年龄又改为二十一岁。所以秦琼从军时的年龄，应在二十一岁以上，而非讲史小说和民间故事中所说的十余岁。

秦琼从军的时间，《旧唐书》《新唐书》中有相同记载：隋炀帝大业年间（605—616），秦琼投隋将来护儿军中效力。又据《旧唐书》记载，秦琼从军后"俄从通守张须陀击贼卢明月下邳"，这大概在大业十年（614）之后。两相结合，秦琼的从军时间在公元605年至614年之间。而据"俄"一词推测，秦琼从军的时间应在614年前的数年间。从大业年间开始戎马生涯，到贞观十二年（638）去世，秦琼存在于史册中其实只有二十余年。

根据秦琼后来随来护儿、张须陀征战的经历，可知秦琼加入了府兵，而不是州郡兵或骁果军。隋朝虽是一个短寿王朝，却非常强大，尤其突出的是其人口和军队。隋朝军队分府兵、禁军、骁果军、州郡兵和边防军，以府兵为主要兵力。府兵、禁军都是直属于中央政府的军队，府兵直接从民间征调，平时担任皇宫和京城守卫，战时征战四方。府兵没有军饷，但是政府给府兵分配了良田几十亩，战时士兵需要自己提供武器装备。禁军并不只是负责保卫皇宫，还担负着牵制府兵、战时奉命征战的职责。边防军和州郡兵属于地方军，数量相对较少，平日职责是保境安民，遇到战事由府兵和禁军补充兵力。大业九年（613），置左右雄武府，募民为"骁果"，为新的禁卫兵。与其他旧有军队相比，骁果军为募兵制，其他军队则是征兵制。

秦琼军中舞锏

府兵的军权集中在中央，军队由皇帝亲自统帅。全国设左右卫府、左右武卫府、左右武侯府、左右领军府等十二卫府分统全国军队，既包括禁卫军，也包括分布在各地的军府。各卫府的最高长官为大将军，直接听命于皇帝。隋炀帝即位后，为加强军事力量，对十二卫府进行改革，增至十六卫府。在大的军事行动中，指派行军元帅为最高指挥官，以总管为某一个地区的指挥官，调动某地府兵前往征战。作为府兵的秦

秦 琼

隋代壁画中的
隋军将士

琼,随时会因战事而被调往他处征战。

隋炀帝登基后的短短数年间,几番大规模用兵,先是参与突厥、契丹战事,后平定吐谷浑,再征高句丽。隋朝时期的高句丽,占据了朝鲜半岛北部、辽东大部地区,东临日本海,拥有数十万常备军,是东北亚地区的强国。高句丽曾经几次攻击隋的辽西地区,还和突厥势力有勾结。决心一统天下的隋炀帝以高句丽不遵臣礼为由,开始积极筹备征讨。

隋朝开始大规模扩充军队。全国常备兵最初有六十至七十万人,到征高句丽时,可征调士兵数量最多可达一百三十万。秦琼借着这一时机,终于谋得了一个相对理想的职务。他成为一员小校,同其他新入伍的士兵、军官一道被编入兵府。

然而,急于出人头地的秦琼并不知道,一场伤亡惨重、旷日持久的战争即将到来,他面对的将是九死一生。大业七年(611),隋炀帝下诏,天下军队无论南北、远近,都要集结会合于涿郡(今河北省涿州市)。全国各路隋军加起来共一百一十三万,号称两百万,运送辎重的民夫就达两三百万人。隋军分三路,左右两路军再分十二路,每路军马各有各的军事目的,分走二十四条进兵路线。此外,还有水军准备从海上进攻。按计划,这些大军最终会在平壤会师。

跨海征东

大业八年（612）三月，入伍不久的秦琼被征调远征高句丽。

隋朝的征讨大军有几十万，分兵陆、水两路，直奔高句丽而去。陆路大军中，一部分由隋炀帝亲自带领，先是在辽河与高句丽大战，死亡甚众。大军前进，大战于东安，击败高句丽军，乘胜包围辽东城（今辽阳市区辽阳老城）。隋炀帝的这路大军在辽东防线耗费了两个多月，仍然没有攻下辽东城。另一路陆路大军共三十万，由左翊卫大将军宇文述出扶余道，右翊卫大将军于仲文出乐浪道，左骁卫大将军荆元恒出辽东道，右翊卫将军薛世雄出沃沮道，右屯卫将军辛世雄出玄菟道，右御卫将军张瑾出襄平道，右武将军赵孝才出碣石道，涿郡太守检校左武卫将军崔弘昇出遂城道，检校右御卫虎贲郎将卫文昇出增地道，会于鸭绿江以西。这路大军深入朝鲜半岛，连续打赢好几仗，一直打到平壤城下。后被高句丽

隋代大业年间壁画中的隋军武将

秦　琼

军队击溃，九支军队返回辽东城时，只剩下两千七百人，物资、兵器、军械丢失殆尽。

秦琼所在的水路大军，由右翊卫大将军来护儿率领，主要由江、淮水军构成，共十万人。大军以东莱海口作为起锚基地，船只相接百里，他们计划航海至高句丽西侧，攻击其重要的港口城市，牵制高句丽的军队。明代《隋史遗文》记载了秦琼出海征战的细节："叔宝领了来总管将令，领兵作先锋，先招习熟知水道的做了向导，凡海中有铁板沙、明礁暗礁处，自登州起，如皇城、广鹿、长山、连云各岛，或是有木可樵，有泉可汲；或可避一面飓风；或是可避两面飓风并三面飓风的，俱一一图画，以备观览趋避。又虑海中风水大，风猛浪高，打散船只。吩咐把大船联做两个大方阵，中藏哨船，拨善水伶俐小军，撑驾哨探。一出海先分发两支哨船：一支到辽东，打探隋主进兵消息；一支在沿海，打探高句丽各处关津备御，有无多寡。把大队下碇，缓缓而行，以俟打探的行止。"

秦琼随大军乘船进入浿水（今朝鲜青川江和大同江的古称）。《隋史遗文》中这样描绘道："次日恰值东南风紧，叔宝先下令三个把总小船先开，次后吩咐大船起碇扯篷，向浿水征进。行不上半日，约有八九十里，遥望海口两座敌台，是两点烟。战船上桅子密排，似树林一般。叔宝叫放铳，各船都准备，弓上弦，刀出鞘，打点火砖火箭，鸟嘴喷筒接战。风紧船大，铳声方绝，船已到海口了。这盖牟是朝鲜平壤道节制使，他倚仗说隋兵沿海而来，必先经辽河鸭绿两个水口，故此不甚提防。及至听得铳响，探子来报，忙叫战船出海拒敌，敌台上人马俱上台防守。这时各船军士，也有睡觉的，也有出去营生的。听得天兵已到，军令出战，一船跑不出五七个人来，还又是顶盔不及甲，着甲寻不着杆枪，有了扶舵的，没人使桨，乱作一团。叔宝在前船叫放火箭，先从他那日晒雨打的箬篷上放去。可也是着油的干柴相似，海口弄得通红一片了。……叔宝大队一拥而来，盖牟见不是头，只得跳上马，带了些亲从残兵，从陆路逃入平壤。叔宝已是得了他一个要害地方，吩咐鸣金收军。"

秦琼智取浿水

秦琼随大军登陆后，行进至平壤城六十里外，与高句丽国王高元相遇。当时，高句丽军列阵数十里，高元之弟高建率数百敢死队来攻。隋军诸将显出恐惧之态，来护儿却毫无惧色，命儿子来整、部将费青奴迎战。将士们英勇杀敌，斩杀高建，大败高句丽军。首战获胜后，来护儿滋生了骄傲自满情绪，他不顾水军副总管周法尚劝告，选兵四万直趋平壤城下。高句丽军出城交战，诈败而走，将来护儿引入城中。来护儿纵兵入城，大肆抢掠，乱不成军。高句丽伏兵趁机杀出，大败隋军，来护儿仅率数千残兵逃出城外。高句丽军追杀至隋军战船停泊处，见周法尚严阵以待，方才返回。

《隋史遗文》杜撰了秦琼救援来护儿的情节："声势正是紧急，却听丽兵阵后，喊声大起，兵马乱窜，风飘着一面红旗，大书'秦'字。

当先一员将官，素袍银铠，黄马银盔，舞着两条金锏来了。看见武懋功战不下丽将，他便骤马冲来。乙支文礼忙待舍武懋功来迎，叔宝已到，只一锏，把乙支文礼刀打落沙场。那武懋功又眼快，一枪便从肋下搠去。文礼早坠下马，叔宝又添上一锏，已断送了性命。……盖牟丢了张义，来战叔宝，相持也有二十余合。叔宝乘他刀法空处，右手一锏，从面门打来。盖牟闪得一闪，那左手锏，又从腰下打去。盖牟略沾得一沾锏稍儿，几乎下马。亏得儿子盖苏文，抢来救了，也不敢恋战，收兵逃遁去了。叔宝统着这支生力兵，把这拦截的、追赶的，杀一个尽绝。直赶杀至近城回军，可也杀他大将一员，精兵二三万。"

来护儿回到船上，听到了宇文述等军尽皆战败的消息，自感孤立无援，只好退军而回。秦琼再次乘船南返，自登州登陆，返回齐郡。

秦琼在这次战役中的表现，历史的记载比较简单。甚至连秦琼是随军赶赴高句丽前线，还是在大隋境内做后备军也无从考证。唯一能明确的是，秦琼在第一次征讨高句丽的战役中侥幸活了下来。也正是因为这次军事行动，秦琼才在十万大军中脱颖而出，进入了来护儿的视线，纳入来护儿军中。

来护儿是广陵（今江苏省扬州市）人，幼年失去父母，由叔母吴氏抚养长大。来护儿所住的白土村靠近南北朝交界的地方，他经常看到这里的军事活动，于是也想从军建立功名。杨坚代周建隋，举兵平定南陈，来护儿得知消息，便投军在大将贺若弼帐下效力。来护儿骁勇善战，屡立战功，不断被重用，先后被提升为裨将、副将、大将军、大都督等。来护儿曾参与讨平高智慧的余党盛道延，又与蒲山公李宽讨平婺州汪文进叛乱，出任建州总管，进位柱国，封永宁郡公。隋文帝为了嘉

高句丽壁画中的高句丽骑兵

奖来护儿的功劳，还派画工绘下他的画像。隋炀帝继位后，来护儿再次被征召入朝，历任右骁卫大将军、左骁卫大将军、右翊卫大将军，改授光禄大夫，封荣国公。礼遇之隆，满朝无人能及。《北史》和《隋书》评价来护儿道："护儿重然诺，敦交契，廉于财利，不事产业。至于行军用兵，特多谋算，……善抚士卒，部分严明，故咸得其死力。"

征讨高句丽时，隋炀帝任命来护儿为平壤道行军总管，兼检校东莱郡太守。秦琼是一名低级军官，投入来护儿帐下后，其职务"为隋将来护儿帐内"。《旧唐书》《新唐书》中有相同记载。"帐内"是当时军幕中的将佐，《隋书·百官志下》对这一官职解释道："王公以下，三品以上，又并有亲信、帐内，各随品高卑而制员。"秦琼随从来护儿时，常常冲锋在前，手握长矛冲入敌阵，所向披靡。

隋军第一次攻打高句丽，由于指挥混乱、轻敌冒进、补给困难、中敌计谋，最终大败而回。不甘心的隋炀帝，随后又在第二年、第三年连续两次攻打高句丽。一场彻底颠覆隋朝统治的动荡悄然开始，秦琼将在这场动乱中不断厮杀，建立功勋。

衣纯以素

秦琼成为府兵后没两年，他的母亲、父亲相继丧亡。秦琼衣纯以素，四处征战。

大业九年（613）正月，隋炀帝再次征集天下兵集于涿郡，同时招募百姓为骁果军，修辽东古城贮备军粮，拉开了第二次征讨高句丽的序幕。是年三月，隋炀帝亲至辽东。四月二十七日，隋炀帝渡过辽水，随后派左翊卫大将军宇文述与上大将军杨义臣率军趋平壤。隋军架设飞楼、撞车、云梯于辽东城下，并挖掘地道配合，昼夜不停地连续攻城二十余日却没有攻下辽东城，攻守双方伤亡皆重。

隋代壁画中的隋军将士

这次征讨高句丽，左翊卫大将军、荣国公来护儿仍旧被委以统兵重任，准备由海路进兵。当秦琼随来护儿大军行至东莱（今山东省莱州市）时，忽闻开国功臣杨素之子、礼部尚书杨玄感起兵造反。

当时，各地农民起义陆续爆发，隋炀帝率隋军主力远在辽东前线，后方兵力空虚。在黎阳（今河南省浚县东北）督运粮草的杨玄感抓住这一良机，与虎贲郎将王仲伯、汲郡赞治赵怀义等人策划起兵。他们故意迟滞漕运，不按时发运军资，并派人暗中召回随隋炀帝到辽东的其弟杨玄纵、杨石，以及在长安的好友蒲山公李密。六月初三，杨玄感诈称来护儿造反，屯兵黎阳，以讨伐来护儿为名起兵反隋。杨玄感亲率主力攻打东都，隋军据城坚守，杨一时无法攻破城池。

来护儿得知消息，立刻率军转道洛阳，讨伐杨玄感，同时派自己的儿子来弘、来整向隋炀帝报告这一情况。远在辽东的隋炀帝率隋军主力回师，命虎贲郎将陈棱进攻据守黎阳的元务本，左翊卫大将军宇文述、右侯卫将军屈突通驰援东都。秦琼随来护儿大军还师西进，对包围洛阳的杨玄感形成反包围态势。七月二十日，杨玄感解除了对东都的包围，率军西进夺取关中。秦琼参与了对杨玄感大军的追击，杨玄感且战且退，一日内三败。八月初一，杨玄感在皇天原（今河南省灵宝市西北）列阵与隋军决战，失败被杀。秦琼第一次来到洛阳，随后又匆匆回到了齐郡。

这年秋冬之际，秦琼的母亲亡故。此时战事已停，秦琼请假归乡奔丧。来护儿听到后，专门派人前往历城县秦琼家祭奠。虽然来护儿给予军士的待遇素来优渥，但以他的身份也不至于如此礼贤下士。有亲卫就质疑："将军，其他士卒死丧您都未曾过问，为何秦琼家人故去就要派人致祭？"来护儿答道："此人勇悍且有才，加之志向高远，日后定有大作为，岂可因为此时职务低下而等闲视之。"

大业十年（614），隋炀帝又一次征发天下兵攻打高句丽，来护儿再

秦琼

次被委以重任，率水军渡海。

秦琼没有参加这一次远征，而是随军镇守齐郡。因为这时已天下大乱，山东境内战火连天，农民起义频发，隋炀帝不得不抽出大量军力平定地方叛乱。

隋炀帝继位后，连年大兴土木，不断地对外用兵。在进攻高句丽的战争中，直接、间接参加的就有三四百万人，各种频繁的徭役更是难以计算，以至于大片田地荒芜，加上灾年饥馑，百姓苦不堪言。当时民间的惨状，《隋书·食货志》中这样描述道：天下人死于劳役，每家都耗损财物……人民在疆场败亡，因劳役而疲累致死，虽然三分之二的人死亡不归，但每年都征发役夫，家家户户平民的子弟大多开赴边疆，各郡各县都能听到因骨肉分离而哭泣的声音。老弱之人耕种田地不足以解救饥饿，妇女纺织布匹不足以供给行旅衣装……宫殿楼观成为茂密的草场，乡里之中烟火断绝，人吃人的地方十处有四五处。更有大量官吏贪狠暴虐，借机鱼肉百姓，以致百姓穷困、财力枯竭。安分守己则无法忍受饥寒，剽掠还可能活命。这是北方民间的惨状，也是在山东随处可见的景象。百姓为求一条活路，纷纷揭竿而起，反抗隋朝统治。

大业七年（611），山东、河南（黄河以南地区）一带大水成灾，淹没四十余郡。隋炀帝为了征讨高句丽，继续在全国范围内大肆征兵，而河北（黄河以北地区）、山东是出征军队的集结地。十二月，因为难以忍受繁重的兵役，齐郡邹平的铁匠王薄与同郡人孟让在今山东省邹平、章丘交界处的长白山聚众起义，并转战齐郡、济北郡一带，吸引了很多农民参与起义。此后，各地豪强也纷纷趁乱举兵，山东陵县刘霸道、山东夏津张金称、河北故城孙安祖与窦建德、山东滨州高士达、河南滑县翟让、山东章丘杜伏威等相继起兵反隋。《说唐演义全传》一书用"十八路反王，六十四路烟尘"来形容这一时期的起义景象。到大业十年（614）时，农民起义已遍布全国，隋炀帝再也无法控制天下局势。

自大业九年（613）末、大业十年（614）初开始，秦琼跟随齐郡郡丞张须陀镇压齐郡一带的农民起义军。

张须陀是弘农郡阌乡县（今河南省灵宝市）人，其曾祖张庆曾任南朝齐竟陵郡郡丞、北魏恒农太守，祖父张思曾任西魏中书舍人、北周三崤镇守大使，父亲是北周清流县令。张须陀有勇有谋，是隋朝打仗能力非常强悍的武将，也是讲史小说《说唐演义全传》里靠山王杨林的原型。隋炀帝即位后，隋炀帝的五弟并州总管、汉王杨谅因不满其兄即位，于并州（今山西省太原市西南）起兵反叛。张须陀授安州司马，跟随并州道行军总管杨素平定叛乱，因军功授开府诸曹参军事（比从八品）。

大业六年（610），四十五岁的张须陀就任齐郡郡丞。隋代大业年间的齐郡，辖原济南郡之地，领历城、祝阿、临邑、临济、邹平、章丘、长山、高苑、亭山、淄川十县，治历城县，共有十五万余户。此时的齐郡，因数次用兵高句丽致使百姓失业，再加上遭遇饥荒，粮食价格飞涨。张须陀决定开仓放粮，赈济灾民。隋炀帝得知后，并

秦琼随军征战

没有责备张须陀，反而予以褒奖。

张须陀来到齐郡任职后，不断镇压境内的农民起义。大业七年（611），张须陀带兵征讨王薄义军。王薄引军南下，转战到鲁郡（今山东省济宁市兖州区）。张须陀穷追不舍，追至泰山时，大败王薄军。王薄收拢被打散的部下万余人，北上渡过黄河。张须陀又追至临邑，斩首五千余级。此后数年，王薄转战于齐郡各县。大业九年（613）初，王薄收合散兵游勇万余人，再次渡河北上。同年二月，王薄联合孙宣雅、郝孝德等十余万起义部队，南下攻打章丘（今济南市章丘区）。张须陀派遣水军断其水运，自率两万步兵、骑兵征讨，大败义军。

同年，农民起义军领袖裴长才、石子河等率两万义军攻至历城城下。张须陀没等士兵召集起来，便亲率五骑出城与叛军作战。在义军围攻下，张须陀身上多处受伤。幸而城中援兵已至，才避免了张须陀身陷重围。张须陀督军再战，大败叛军，裴长才败逃。《隋史遗文》中杜撰了秦琼出城杀敌救援张须陀的场景："正在围急，秦叔宝兵到，见是贼兵，又见中央围困重重，知有隋将被围。他与罗士信，便当先杀入，一条枪二根锏，杀开血路，便有丈余。部下兵又一拥随后，这裴长才两万人马，当得甚砍？……裴长才这支兵可也十不存五。比及成县令点兵出来接应时，裴长才已是散去了。这一日叔宝与张郡丞自早至晚，计败四个贼将、二十余万贼兵。保全章丘，得他金帛器械，不计其数，夺回男女万余，从此山东盗贼，听得提起张须陀、秦叔宝，莫不愁眉的了。"

历史中，秦琼此时并未显名，反倒是擅长抚驭的张须陀名震山东，各地叛军纷纷向他请降。张须陀镇压农民义军颇有成果，升任齐郡通守。通守处于郡丞与郡守之间，属于文官行列却又主管军事事务，有直

长白山

接募兵和指挥士兵作战的权力，主要是为了镇压中原大地上的民变。

张须陀刚刚就任齐郡通守，正值齐郡左孝友起兵反隋，义军队伍有十万余众。大业十年（614）十一月，秦琼跟随张须陀进剿左孝友义军，左孝友被迫率众出降，其部将解象、王良、郑大彪、李宛各拥兵万余，也都被镇压。这月二十一日，秦琼的父亲秦爱在历城县怀智里宅中故去。至此，秦琼双亲尽失。

秦琼身披重孝，心无牵挂的他杀敌更加勇猛。秦琼借着征讨义军而迅速崛起，走上了建功立业的道路。

夺营建功

参加平定左孝友招远之叛后，秦琼又参加了镇压卢明月起义的战斗。

卢明月，涿郡涿县（今河北省涿州市）人。在讲史小说《兴唐传》

中，鲁明月的人物原型就是卢明月，他与哥哥鲁明星同为绿林中人，是与秦琼一同结拜的四十六友之一。大业十年（614）卢明月率众起义，转掠各地，发展到了十万多人。这年十二月，卢明月率十余万人攻入祝阿县（今济南市长清区东北），并屯据在此。

秦琼随张须陀率军弹压卢明月。当时，隋军只有一万余人，与义军在人数上相差悬殊。卢明月军中有很多隋朝逃逸、归附的军人，作战经验丰富，且有不少骑兵；而张须陀的军队多数为步兵，隋军在机动方面完全处于劣势。为求稳妥，张须陀只得命大军在离卢明月部队六七里的地方扎营，不求能收复祝阿，但求截击卢明月继续向齐郡纵深进攻。在与义军对峙十多天后，隋军粮尽，不得不考虑撤退。隋军一旦撤退，卢明月自恃兵强马壮，必会趁势追击。隋军面临着进无可进、退不能退的危险局面。若在撤退时兵出险招，直击敌军老巢，或有险中取胜的可能。

于是，张须陀做了一个计划：从全军选拔千名劲卒，潜出营外埋伏，以做奇兵。其余士兵则佯装营啸，四散逃离，引诱义军主力出营追击。隐藏起来的千名劲卒趁机攻入义军老巢，纵火烧营，毁其粮草辎重。隋军主力趁机反扑，杀他个措手不及。义军前锋受挫，后无倚仗，定会舍弃祝阿逃往其他地方。

计划虽好，却需要一员勇将率领伏兵。张须陀便问诸将："谁可率敢死队埋伏，趁机袭营？"率千余兵马乘虚袭营是以一当十的死战，众将面面相觑不敢搭话。少顷，郡兵出身的罗士信越众而出，请命出战，愿率军前往。府兵出身的秦琼紧跟其后，要求一同前往。

罗士信，在讲史小说《隋唐演义》中被描绘成了一个莽撞粗鲁之辈，有勇少谋。他从小就是孤儿，被混混头目王君可收养，后来跟随在秦琼身边。而在《说唐演义全传》中，罗士信被写作罗成，生得眉清目秀，齿白唇红，面如傅粉。罗成是北平王罗艺的儿子，其母秦夫人是秦琼的姑姑。秦琼被发配北平府时，二人曾相互传授枪法、锏法。后来，罗成受父母之托，带领张公瑾等七人到历城县给秦琼的母亲贺六十大寿。秦琼设宴款待众人，席间，程知节认为在座的人里罗成和单雄信最厉害，他挑拨离间，唆使二人打架。罗成与单雄信因此大打出手，一时难解难分，秦琼出面阻止才得停手。罗成十分生气，随即返回北平，没有参与后来的劫牢狱反山东、攻打瓦岗的行动。

历史中的罗士信，同秦琼一样也是历城人，其故居位于今济南市县东巷中段路东。罗士信为人忠厚耿直，少年时就勇力过人。罗士信投到齐郡郡丞张须陀帐下时只有十四岁，最初只是军中一民夫。罗士信请求从军征战，张须陀看他还只是个孩子，认为他穿盔甲都没气力，何况上阵。罗士信见主帅小觑自己，就迅速穿上两副盔甲，悬挂两壶箭支，飞身上马。张须陀看到罗士信如此英武，就同意他加入军队。不久，张须陀在潍水（今潍河）与敌军交战。敌军刚刚列阵，罗士信便驰马冲入阵中连杀数人，并斩下一人首级，用长槊挑着，在敌阵前挑战。张须陀乘势进攻，大破敌军。罗士信

罗士信

秦 琼

所表现出来的勇敢与胆识,让张须陀颇为赞叹。自此之后,罗士信就成了张须陀的亲随。每次作战,张须陀身先士卒,罗士信紧随其后。阻击卢明月大军时,罗士信也随军行动,所以这次率军奇兵袭营,罗士信第一个站出来报名。

秦琼、罗士信率一千精锐兵马潜出营寨,隐于草木丛中静待战机。张须陀率大军遗弃营栅假意退走,并做出弃营逃遁的样子,沿途尽是随意乱丢的旗帜和刀枪。卢明月得报,下令全军猛追,誓要以优势兵力全歼张须陀军。卢明月集中全部人马追击张须陀之时,事先隐蔽埋伏的秦琼、罗士信二将麾动所部逆行军,衔枚疾进,直奔敌营。

秦琼率兵来到卢明月营寨外时,只见敌营栅门紧闭。秦琼和罗士信两人身先士卒,爬过栅栏,上到寨楼,拔掉敌军旗帜。他们又继续斩杀把守营门的士兵,砍破栅栏,打开营门,外面的官军士兵趁势杀入大营。千余名精兵横冲直撞,纵火烧毁了卢明月的三十多个营栅。一时间,火焰冲天,十余里外可见浓烟。正在急追张须陀的卢明月看到后方浓烟后,迅速收拢军队驰返营地救援。张须陀趁机命令全军回头追击,

秦琼与罗士信杀敌夺寨

十万义军一役崩溃。义军被俘或被杀者数以万计，卢明月则率领几百名骑兵仓皇逃走。

经此一役，秦琼和罗士信因英勇而扬名齐郡。而卢明月后率军十万攻打淮阳郡、襄城郡，转战于河南淮北一带。三年后，卢明月大军发展到四十万人，自称"无上王"，后在南阳（今河南省南阳市）与江都通守王世充作战中失败被斩杀。

阻击卢明月胜利后不久，秦琼又参与了对孙宣雅的征讨。

孙宣雅，渤海郡（治所在今山东省阳信县西南）人，是一位颇具传奇色彩的女性农民起义领袖。大业八年（612），山东再次发生大旱灾，加上疫病流行，灾情、疫情极其严重。民众食不果腹，衣不蔽体，"相卖为奴婢"。大业九年（613），孙宣雅于豆子䴚（位于今山东省惠民县境内）聚众起义，自称"齐王"，队伍很快就发展到十余万人。孙宣雅曾率军与王薄南下攻打章丘，被张须陀击溃后，孙宣雅率部返回豆子䴚据守。

豆子䴚是一片盐泽，位于今滨州市沾化区、无棣县、阳信县、惠民县、滨城区之间，其地负海带河，地形深阻。自北齐开始，这里多有群盗隐匿其中。隋末唐初，这里曾先后出现过拥众十余万的阿舅军、燕王、齐王，远胜于北宋时期的"水泊梁山"。豆子䴚置有军镇，名曰"海曲"。孙宣雅起义后一直四处征战，待退回豆子䴚后，攻占了豆子䴚附近的海曲城，并将这里作为主要据点。

大业十年（614）末、大业十一年（615）初，秦琼随张须陀一同前往豆子䴚，准备夺回海曲这一战略重地。

海曲镇的行政级别较高，其城池比一般县城更为高大坚固。大军赶

秦 琼

清代民俗画中的青年秦琼形象

到城下后，秦琼亲率军士攻城，并第一个跃上城墙。旋即，隋军杀入城内，大破孙宣雅义军。孙宣雅的部将郝孝德收拢义军残部数万人，辗转离开豆子䴚，与清河义军首领张金称一块投奔了魏王李密，转战于黄河下游以北地区。

此役过后，秦琼积功授勋建节尉，这是关于秦琼的文献中出现的第一个官职，也是秦琼仕隋期间的最高官职。建节尉为武散官，品秩为正六品。大业三年（607），隋炀帝新置散职八尉，即建节尉、奋武尉、宣惠尉、绥德尉、怀仁尉、守义尉、奉诚尉、立信尉。八尉品秩自正六品至从九品递减，其中建节尉品秩最高。隋末，因战事频繁，立功者成千累万，这类无实际权力的虚衔散官人数非常多。虽然散官的实际价值并不大，但秦琼从军仅数年就能累功至建节尉，足以佐证其作战之勇猛。

此时，张须陀已是河南道十二郡黜陟讨捕大使。黜陟讨捕大使是征讨高句丽后新出现的军事职位，不仅有权调度辖区内的士兵，而且还有权跨区域作战，甚至可以协调各个区域的兵马，其职权相当于隋文帝时期诸道行军，军事权力极大。张须陀出任黜陟讨捕大使，意味着张须陀麾下军队的作战范围已扩展至河南道的十二个郡，秦琼将随军前往更远的地方征战。

第三章

转投义军：
瓦岗军中猛将军

自大业十一年（615）开始，秦琼跟随隋军将领张须陀一路向西征讨农民起义军。在荥阳郡，秦琼遭遇了从军生涯中的第一次挫败——隋军主力被农民起义军打败，主帅张须陀阵亡。秦琼跟随新任主帅裴仁基转战中原，征讨瓦岗军。怎知天意弄人，裴仁基不久后便杀了隋朝监军，献虎牢关，率部众投降了瓦岗军。秦琼被迫投入到昔日劲敌瓦岗军的阵营，被授帐内骠骑，反过来参与到攻略东都洛阳的战斗中。

这期间，各地割据势力纷纷称王，或拥立傀儡皇帝，隋炀帝也被杀身亡。秦琼随波逐流，跟着瓦岗军首领李密投降皇泰主，再次回归"官军"序列。只不过，这时的洛阳已非昔日大隋王都，王世充跋扈专权，瓦岗旧部离心离德。是继续随波逐流，还是另投明主，秦琼面临着选择。

西征瓦岗

大业九年（613）十月，农民起义军吕明星率众数千人起义，围攻东郡（治所在今河南省滑县东）。来护儿帐下武贲郎将费青奴将他击败。吕明星败走后再次集结起义军队，不足一年的时间就已发展至万余人。大业十一年（615），吕明星联合义军帅仁泰、霍小汉等部，各率军万余众扰济北郡（治所在今山东省茌平县），秦琼随张须陀进军济北，并将联军击退回东郡。

齐郡、济北郡局势稍稳后，秦琼随张须陀大军趁势继续向东，前往东郡征讨瓦岗军。

瓦岗军是隋末农民起义中举义较早、发展最快、势力强大的三大义军之一，因起义于瓦岗寨（位于今河南省滑县瓦岗寨乡）而得名，活动时间在大业七年（611）至义宁二年（618）的七八年间。瓦岗军转战豫北地区，"声动万里，威行四方"。瓦岗军首领翟让是韦城（今河南省滑县东南）人，早年在东郡做法曹行参军（比从九品），因为犯了一点小过得罪上司而被关进了监牢。掌管监狱的官吏黄君汉平日敬佩翟让，看到他突遭横祸非常同情，便偷偷放翟让逃出监牢。翟让回到韦城老家，联络其兄翟弘、侄翟摩侯等人一起上了瓦岗寨，举起起义的大旗。此后不久，单雄信、徐世勣等青年才俊也相继投奔瓦岗寨，组成了瓦岗军的最初班底。

单雄信是曹州济阴县（今山东省曹县）人，他骁勇矫捷，擅长使用马槊。单雄信找人打造了一重达七十斤的枪头，伐枣树作为枪杆，称为"寒骨白"。单雄信听闻翟让在瓦岗起义的消息后，召集了许多年轻人前往投奔。单雄信最初与徐世勣交好，誓同生死。后来瓦岗军被王世充打败，单雄信投降王世充，徐世勣投奔李唐，二人分属敌对势力。在《隋唐演义》《说唐演义全传》等文学作品里，单雄信曾多次接济秦琼，并暗中帮助秦琼免受牢狱之灾。秦琼母亲过寿时，单雄信带领王伯当等前往历城祝寿，并与秦琼、程知节等人于贾柳楼结义。

单雄信

徐世勣原是济阴郡离狐（治所在

秦 琼

徐世勣

今山东省曹县西北）人，隋朝末年迁居到滑州卫南县（今河南省浚县东南）。在《说唐演义全传》中，徐世勣被演绎成瓦岗寨的军师徐茂公，曾在贾柳店与秦琼结义，并推动秦琼走上起义道路。历史中的徐世勣，本出身于富豪之家，其父徐盖乐善好施，常救济贫苦。徐世勣智勇双全，随单雄信一同投奔瓦岗后战阵无数，为瓦岗军立下了汗马功劳。徐世勣归唐后，平王世充、灭窦建德、伐刘黑闼，为唐朝的建立立下了不朽功勋。永徽年间，李渊赐徐世勣"李"姓，改名为李世勣。后又为避唐太宗李世民讳，去"世"字，易名李勣。自加入瓦岗军开始，徐世勣从军近六十年，功勋卓著，后与秦琼同列"凌烟阁二十四功臣"。

当时，瓦岗军迅速发展，给军需供给带来困难，徐世勣劝说翟让前往汴水一带抢掠行船商旅。翟让听从他的建议，率瓦岗军进入汴水所经的荥阳郡（治所在今河南省郑州市）和梁郡（治所在今河南省商丘市）边界。瓦岗军沿运河截获了不少物资，归附的人越来越多，队伍发展到万余人。

为防止瓦岗军阻断运河交通，隋军开始重视并围剿盘踞在运河附近的义军。秦琼随张须陀部辗转东郡征讨义军，前后打了三十多次，每次都将瓦岗军打败，单雄信、徐世勣都曾是秦琼的手下败将。

瓦岗军被迫撤离城池，转战树林山丘之间。这时，一个重要人物李密加入瓦岗军。李密，字玄邃，京兆长安（今陕西省西安市）人。李密的祖辈都在朝为官，其曾祖李弼是西魏八柱国将军之一、北周的魏国公，祖父李曜曾是北周太保、邢国公，父亲李宽为隋朝的上柱国、蒲山公。李密于开皇年间袭爵蒲山公，大业初年凭父荫任左亲卫府大都督、东宫千牛备身。李密与杨玄感倾心相交，隋炀帝征讨高句丽期间，杨玄感筹划起兵造反，并暗中派人到长安迎接李密，让他主持谋划工作。杨玄感战败后，李密秘密进入潼关，旋即被追兵抓住。在押解途中，李密等七人趁着官兵防备松懈，挖穿墙壁逃走。

大业十二年（616），秦琼还在东郡率部镇压各路农民义军之时，李密经同为义军的济阳人王伯当引荐，加入瓦岗军。此时的东郡已乱作一团。为扩大根据地，翟让率兵数千攻克韦城，占领东郡白马（今河南省滑县白马墙），杀死太守；单雄信率军北上，连下浚县、汤阴、内黄；李密率兵攻打濮阳、范县，至白堽，扎寨为营。瓦岗军所到之处，农民纷纷响应，部众增至数万。这年十月，翟让采纳李密的计谋，决定不再坚守东郡瓦岗，先攻略荥阳郡，占据洛口仓，进一步壮大力量，然后再图进取。瓦岗军攻破金堤关（位于今河南省荥阳市东北），进而攻

秦 琼

打荥阳郡各县，荥阳告急。

此时，隋炀帝正临幸江都（今江苏省扬州市），东都由越王杨侗、太府卿元文都等人留守，关内隋军力量薄弱，没有过多兵力征讨。隋炀帝急命悍将张须陀为荥阳通守，率其精锐西赴荥阳郡讨伐瓦岗军，以解荥阳之危。秦琼随大军再次西进，赶赴荥阳郡作战。

荥阳郡是东都洛阳的门户，这一带地势险要，东有鸿沟连接淮河、泗水，北依邙山毗邻黄河，南临索河连嵩山，西过虎牢关接洛阳、长安，是历代兵家必争要地。春秋时晋楚争霸，曾大战于此；秦灭韩国后，曾在荥阳广武山麓建敖仓，荥阳一跃成为著名的军事重镇；秦末陈胜、吴广亲率大军围攻荥阳，在这里与秦军大战，后吴广战死于荥阳；楚汉战争时，刘邦与项羽在这里长期对峙、反复争夺；三国时，刘备、关羽、张飞与吕布在荥阳的虎牢关大战。荥阳交通便利，早在秦始皇时期就疏鸿沟以通淮、泗，漕运淮河南北粮食至荥阳敖仓。隋炀帝曾大规

荥阳郡一带地势险要、水运便利

模修治洛、黄、汴河，修通济渠，使荥阳成为中原地区重要的水运枢纽之一。

秦琼率军进入荥阳郡时，该郡大多数县城都被瓦岗军攻破。当时荥阳郡太守叫杨庆，他的曾祖父杨爱敬跟隋文帝的祖父杨祯是兄弟。父亲杨弘，开皇元年晋爵永康郡公，授宁州总管，去世后追封郇王。杨庆世袭了爵位，却没有其父的文治武功，无法剿灭境内义军，只龟缩在管城等候朝廷援军。

败走荥阳

大业十二年（616），秦琼在荥阳郡第一次吃了败仗。

瓦岗军取得初步胜利后，随即收拢大军，沿黄河继续西进，准备夺取位于河南郡巩县的洛口仓（今郑州市巩义河洛镇七里铺村东）。洛口仓也叫兴洛仓，兴建于大业二年（606），地处洛河与黄河汇流处，与东都洛阳近在咫尺。隋炀帝把从江南经大运河运来的粮食囤积于此，仓城周围二十余里，共有三千窖，每窖藏粮八千担，设官兵千人防守粮仓。按此计算，洛口仓约可容纳粮食两千四百万担，是当时全国最大的粮仓。占领了这个地方，就有了争霸天下的资本。

当瓦岗军谋划继续西进之时，秦琼已随张须陀率领两万精兵杀至荥阳郡，这是秦琼第一次对阵李密。而在《隋史遗文》《隋唐演义》等讲史小说中，秦琼很早就与李密结识，杨玄感事败后，宇文述借此构陷秦琼是李密一党。张须陀上书兵部解释，这才救了秦琼一命。

此前，瓦岗军多次被张须陀率领的军队打败，在荥阳郡虽有六万大军，但翟让仍因畏惧而不敢继续用兵。李密劝说道："张须陀虽然勇猛却没有谋略，其军队又多次打胜仗，士兵骄狂，我略施计谋，一战就可擒之。"瓦岗军已避无可避，翟让只得率领义军与隋军正面对决。

大业十二年（616）十一月十七日，隋军与瓦岗军在金堤关南的大海寺（今河南省荥阳市东北）一带决战，秦琼是这次战斗中的主力战将之一。

大海寺初名代海寺，建于北魏时期。传说观音北行渡人，移居荥阳，从此郑州荥阳护城河开始随海水潮汐起落，此后就有了这座寺庙。大海寺一带林木茂盛，道路狭窄，非常适合伏击。战前，瓦岗军主力从正面迎敌，分派千余骑兵隐藏于大海寺北树林内以做伏击。

张须陀兵败荥阳

大战开始后，隋军倚仗装备精良列成方阵往前推进。翟让率军接战后抵挡一阵，便假意败退。秦琼等一众将领率领兵士紧追不放，率军追击十余里。直到地形愈发崎岖，树林越来越密，主帅张须陀方才察觉到不对劲。此时已追至大海寺附近，瓦岗军伏兵骤起，翟让、李密、徐世勣、王伯当等合兵一处将隋军合围，张须陀部大乱。隋军被伏兵层层包围，张须陀左冲右突，力战得

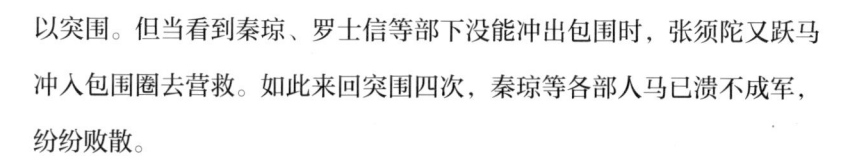

以突围。但当看到秦琼、罗士信等部下没能冲出包围时，张须陀又跃马冲入包围圈去营救。如此来回突围四次，秦琼等各部人马已溃不成军，纷纷败散。

身陷重围的张须陀仰天叹道："兵败到了这种地步，哪还有脸面见天子呢？"于是他下马与敌军肉搏，被斩杀于乱军之中，时年五十二岁。张须陀死后，所部官兵昼夜号哭，数日不止。隋炀帝闻之非常悲伤，追赠张须陀为金紫光禄大夫、荥阳郡守。

张须陀大军的副使贾务本在战中受伤，率领剩下的五千多人逃到梁郡。不久后，贾务本伤重不治而亡。贾务本的儿子贾闰甫当时也随军征战，他与秦琼相识。在讲史小说《说唐演义全传》中，贾闰甫同柳周臣是表兄弟，群雄聚会结拜的贾柳店就是他和柳周臣合开的，并以两人的姓氏为名。小说中，贾闰甫是秦琼的妻舅，性情豪爽，喜欢结交豪杰。瓦岗四十六雄结拜，贾闰甫排名第二十一。大海寺之战后，贾闰甫随败兵逃往虎牢关。贾务本死后，留守东都的越王杨侗命裴仁基在虎牢关收拢张须陀部残军，由他统领这支来自山东的军队，继续与瓦岗军对峙。

在这场战斗中，秦琼率军千余人于乱军中杀出一条血路，摆脱了追兵，撤出战场。因主帅已亡，秦琼归拢残部人马，向西前往虎牢关，后归入裴仁基帐下。

裴仁基是蒲州河东县（今山西省永济市）人，出身于官宦世家，是北周骠骑大将军裴伯凤之孙、上仪同裴定之子。裴仁基战功赫赫，曾跟随将军李景在黔安讨伐反叛的蛮贼向思多，在张掖打败吐谷浑，斩杀进犯的靺鞨。他跟随隋炀帝征讨高句丽后，升任光禄大夫（文散官，从一品）。大业十二年（616）七月，为防御农民起义军西进洛阳，朝廷命令

秦琼

虎牢关

　　裴仁基为河南道讨捕大使，据守虎牢关。

　　虎牢关，位于今河南省荥阳市汜水镇，又称汜水关、成皋关、古崤关。相传，周穆王姬满在圃田泽打猎时，忽然看到有老虎在芦苇丛中游荡，"七萃之士高奔戎生捕虎而献之天子，命之为柙，畜之东虢，是曰虎牢矣"。后在虎牢修建城关，就有了"虎牢关"一名。东晋为避赵主石虎名讳，唐代为避唐高祖李渊的祖父李虎名讳，都曾将虎牢关改名为武牢关。虎牢关南连嵩岳，北濒黄河，山岭交错，自成天险，是历代兵家必争之地，也是东都洛阳的门户。历史上许多军事活动均发生于此，各封建王朝大多在此设防。

　　大海寺一战过后，隋军失去了对荥阳郡的控制。名将张须陀的阵亡给隋军士气带来了沉重的打击，"河南郡县为之丧气"。而对于瓦岗军来说，大海寺之战的胜利前所未有，瓦岗军实力为之一振，中原各地归附者日众。这次大战之后，翟让对李密更加器重，命李密建立自己的营署，单独统帅自己的部众，号"蒲山公营"。翟让将李密作为主心骨，指挥瓦岗军的战斗，为日后李密火并翟让埋下了伏笔。由于隋朝失去了足以镇压河南的大将和精锐，瓦岗军乘胜追击，攻破荥阳，继续西进，剑锋直指东都洛阳所在地河南郡。

遭遇重大挫败的秦琼，第一次为前途感到迷茫。

随波逐流

秦琼归于裴仁基帐下后，率军四处征讨义军，但皆败多胜少。四个月后，秦琼再次遭遇挫折。

大业十三年（617）二月，李密领精兵七千人，出阳城（今河南省登封市东南），越过方山，从罗口（今河南省巩义市东南）袭击洛口仓。瓦岗军占领洛口仓，切断了东都洛阳重要的粮食供应基地，在战略上取得了主动。瓦岗军打开粮仓，听任百姓取粮。一时间，有大量穷苦百姓参加义军，瓦岗军实力大增。

另一方面，隋朝越王杨侗派遣虎贲郎将刘长恭、光禄少卿房为帅，率领步兵、骑兵两万五千人自洛阳东进，讨伐洛口仓的瓦岗军。同时，秦琼所在的隋军裴仁基率部自汜水（位于今河南省荥阳市汜水镇汜水村）向西南挺进洛口仓，以与刘长恭部呈两面夹击之势。刘长恭部率兵在前为主攻，裴仁基部于瓦岗军后阻击为助攻，两路大军约好于二月十一日在洛口仓城南面会合。

瓦岗军挑选骁勇强壮之士分作十队，令其中的四队埋伏在横岭（今河南省巩义市东）下阻击秦琼所在的裴仁基部，其余的六队在石子河以

秦琼

秦琼

东列阵对战刘长恭部。从东都来的官兵先到达作战地,在石子河西列阵,阵南北长十余里。隋军官兵衣着整齐,武器精良,旌旗钲鼓齐备,极为壮观。翟让先率兵与隋军交战,正当双方胶着之时,李密率领大队人马横冲敌阵。东都来的隋兵饥饿疲惫,败退逃散。刘长恭等人脱掉衣服潜逃,才得以幸免逃回洛阳,隋军士卒死伤十之五六。瓦岗军缴获了隋军的全部辎重、器械、铠甲,威名大振。

秦琼等将率领的军队行动缓慢,未按期到达战场。东都隋军兵败的消息传来,裴仁基惧怕瓦岗军而不敢前进,就命秦琼等将领率军在百花谷(今河南省巩义市东南)固垒自守。

此战之后,李密在瓦岗军中的声威大震。翟让自觉不如,让位于李密。瓦岗军在巩县城南郊外设立祭坛,李密祭天登位,自封魏公、行军元帅,定年号"永平",以洛口为都城。李密称王后,山东长白山贼寇首领孟让带领人马归附,河南巩县长史柴孝和、侍御史郑颐献出县城投降。归降的人络绎不绝,瓦岗军很快达几十万人。李密命令护军田茂广修筑洛口城,同时派房彦藻率兵向东攻占城池,取下安陆、汝南、淮安、济阳等县。

秦琼屯兵在百花谷中,除了例行巡视兵寨之外,整日无所事事。进退两难的主帅裴仁基也没了主意,一方面害怕被朝廷治罪,一方面又没信心对抗瓦岗军。李密知道裴仁基大军的狼狈处境，就派人劝降，并许以厚利。裴仁基有所动摇，找来谋臣及部将商量。秦琼、罗士信等一众武将虽看不透这纷乱的局势，但做惯了隋朝的将军，自然不想成为朝廷眼中的反贼。所以，除裴仁基的儿子裴行俨等少数几人外，其他人均表示反对。秦琼说道："我自齐郡而来，远离家乡，随张帅舍生忘死征战，难道是为了造反的？若要投敌，那我在齐郡就可这般，何必到这里来。"说罢，便不再多言。最终，在贾闰甫的劝说下，裴仁基派贾闰甫去向瓦岗军请降。李密大喜，当场任命贾闰甫为元帅府司兵参军兼任直记室事，派他回去向裴仁基复命。

大业十三年（617）四月，秦琼率部自百花谷退回虎牢关。途中，萧怀静察觉到裴仁基与瓦岗军达成了默契，秘密上表奏报此事。裴仁基知道后，杀了监军萧怀静，率其子裴行俨以及部将秦琼、罗士信等人献虎牢关，向李密投降。李密封裴仁基为上柱国、河东郡公，封裴行俨为上柱国、绛郡公。

就这样，秦琼不情不愿地投入到昔日劲敌瓦岗军的阵营。秦琼归降瓦岗军后，李密非常高兴，对秦琼信任有加，命他为帐内骠骑。瓦岗军中，李密将瓦岗寨旧部的兵马编入魏公府，将收编的隋朝军队编入元帅府，将收编过来的流寇、流民等各路杂牌武装编为百营。除此之外，李密还挑选了八千精锐战兵作为他的侍卫亲兵，称为"内军"。内军又划分为四骠骑，分别由所属的帐内骠骑统领。瓦岗军中，内军的装备待遇最好，武力最强，李密常说："这八千人足以抵挡百万人。"秦琼有过人之勇，所以成为内军将领。

帐内骠骑共有四人，除秦琼外，还有程知节、裴行俨、罗士信，这

秦琼

程知节

三人与秦琼的关系都非常好。

程知节原名程咬金，是济北郡东阿（今山东省东阿县）人。他骁勇善战，善于使用马槊。程知节早年组织了一支数百人的武装护卫乡里，后来归附李密。李密建内军后，程知节与秦琼同为帐内骠骑，二人自此相识。而在讲史小说《隋唐演义》《说唐演义全传》中，程知节以贩卖私盐起家，和秦琼幼年时就是异姓兄弟，且最初住在历城县同一条巷子中。他性格直爽、粗中有细，使一柄八卦宣花斧，其绝技就是梦中学会的三板斧，外号"混世魔王"，曾为瓦岗寨大魔国国王，后投降李唐，凭运气立了不少大功。

秦琼与程知节很投缘，二人的关系一直密切。程知节此后的经历与秦琼大多数重叠，他与秦琼一样都成为唐朝开国名将，后来也被封为国公，与秦琼同列"凌烟阁二十四功臣"。

秦琼成为瓦岗军将领后没几天，就投入到与隋朝正规军的战斗中。

大业十三年（617）四月十三日，瓦岗军两万多人（《旧唐书》作三万多人）偷袭了为东都城内供应粮食的回洛仓（位于今河南省洛阳市小李村），并烧毁洛河上的天津桥，一度逼近东都。东都隋军还有二十余万兵力，士兵们昼夜不解铠甲，日夜在城上巡逻。隋军乘义军纵兵大肆抢劫之时出兵反攻，瓦岗军大败。秦琼率部屯驻于回洛仓，裴仁基等人退守巩县。其后，秦琼等人又率军进攻偃师、金墉，均未能攻克。四月十五日，秦琼率部随瓦岗军退回洛口。

瓦岗军退走后，越王杨侗派人把回洛仓的粮米运入东都城内，同时派五千士兵驻扎在丰都市、五千士兵驻扎在上春门、五千士兵驻扎在北邙山，分为九营，首尾呼应，以防备瓦岗军的再次袭击。

四月十九日，秦琼等瓦岗将领率军三万人再次占据回洛仓。瓦岗军大规模修筑营壕，兵锋直指东都。越王杨侗派段达率领七万大军，在东都城外抗击瓦岗军。二十一日，两军在回洛仓北交战，隋军大败而归。

四月二十七日，魏公府向天下各郡县发布檄文，历数隋炀帝的十大罪状。次日，为打击瓦岗军的气焰，隋军左翊卫将军段达、监门郎将庞玉、武牙郎将霍举率领洛阳城内兵众乘夜出兵，在回洛仓西北列阵，秦琼随李密率兵迎战。隋军杀伤瓦岗军大半人马，李密只好再次放弃回洛仓，秦琼率残部返回洛口。

秦琼随波而来，又逐流而去。

中原逐鹿

大业十三年（617）七月，隋炀帝派江都通守王世充率领江淮精兵，将军王隆率领邛都夷部，河北讨捕大使太常少卿韦霁、河南讨捕大使虎牙郎将王辩等，各自率领辖下的军队一同赶赴东都，协同讨伐瓦岗军。

这年夏秋之际，河南、山东发大水，饿殍遍野。隋炀帝下诏开黎阳仓赈济饥民，但官吏们不按时赈济，每天仍有几万人死去。李密派徐世勣率部下五千人从原武渡黄河，会同元宝藏、郝孝德、李文相、张升、

秦琼

黎阳仓遗址

赵君德等义军，共同袭取了黎阳仓。义军开仓放粮，听任百姓来取粮，十天内便得到精兵二十余万人，各地隋朝控制的郡县及义军多有归附。

奉命北上驰援的江都通守王世充，则率各路隋军十余万向洛口瓦岗军进攻。大业十三年（617）十月二十五日，王世充夜渡洛水，在黑石（位于今河南省巩义市西南）扎营。翌日，两军在洛水北岸会战。王世充率领精兵来到洛水北岸列阵，同时安排一部分军队守营，以免后路被切断。李密亲率大军对战，秦琼率领内军紧跟李密而行。

这处战场北依大山，南临洛水，地势狭窄。隋军戈矛多，依险隘交战有利。而瓦岗军长枪马骑，骑兵难驰。交战之初，王世充凭借有利地形，扬其所长，纵兵猛击瓦岗军。瓦岗军迎战失利，重要谋士柴孝和溺死于洛水。秦琼等将领率领精锐骑兵渡河来到洛水南岸，其他的将士则向东前往月城（位于今河南省巩义市西北），王世充的追兵随即包围月城。

王世充围攻月城时，李密派一部分部属带兵东走月城助阵，秦琼等精锐骑兵则直奔黑石，偷袭王世充的大本营。留在黑石军营的隋军惊

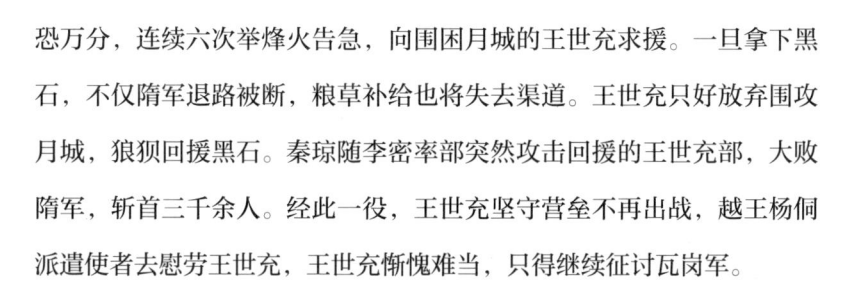

恐万分，连续六次举烽火告急，向围困月城的王世充求援。一旦拿下黑石，不仅隋军退路被断，粮草补给也将失去渠道。王世充只好放弃围攻月城，狼狈回援黑石。秦琼随李密率部突然攻击回援的王世充部，大败隋军，斩首三千余人。经此一役，王世充坚守营垒不再出战，越王杨侗派遣使者去慰劳王世充，王世充惭愧难当，只得继续征讨瓦岗军。

十一月初九，隋军与瓦岗军在石子河（位于今河南省巩义市东）两岸列阵，瓦岗军阵列南北长十余里。翟让率军先与王世充战，不胜而退。王世充追击翟让，王伯当、裴仁基从旁横断隋军的后路，秦琼随李密统率中军进击王世充。王世充大败，向西逃走。十二月二十四日，隋军粮草供应紧张，王世充夜袭仓城（位于今河南省巩义市东），中了瓦岗军的埋伏，大败而逃。在这次战斗中，隋军骁将费青奴被杀，士卒战溺死者千余人。

秦琼随着瓦岗军与隋军进行了三个月的争夺战。瓦岗军在交锋中占尽优势，消灭隋军六七万人。这期间，起兵反隋的前山西河东慰抚大使李渊趁隋军无暇西顾之际，带兵攻克了长安，并拥立隋炀帝之孙杨侑为帝，遥尊隋炀帝为太上皇，改元义宁。

黑石大捷之后，秦琼参与了李密火并翟让的行动，并带领内军镇压了翟让的残余势力。翟让被斩杀，李密取得了瓦岗军的绝对领导权，改称魏王。自此以后，瓦岗军各部将士之间互存戒心。

隋义宁二年（618），王世充得到七万援军后，又在洛口仓附近与瓦岗军展开大战。是年正月，王世充把军营迁移到了洛口仓北，命令诸军建造浮桥，伺机大举反攻瓦岗军。正月十五日，王世充派出全部人马渡过浮桥，向南进攻瓦岗军。由于缺乏统一指挥，过桥时出现前后动作不

秦 琼

火并翟让

一的局面。虎贲郎将王辩攻破瓦岗军外栅，营中惊扰乱作一团，秦琼随瓦岗军大部队向后撤退。王世充却不晓得前方战况，鸣号角收拢王辩军，秦琼等瓦岗军精锐则乘机猛烈反击。隋军全线溃逃，抢着拥上浮桥后撤，因拥挤溺死万余人。当天夜晚天降大雪，隋军士卒穿着湿透的衣服，在后撤途中被冻死者数以万计。

此战中，隋军大将杨威、王辩、霍举、刘长恭、梁德、董智等人阵亡，王世充侥幸保住了性命。王世充自知战败负罪，不敢回东都，带余部数千人马撤回河阳（今河南省孟州市南），自我关押请罪。越王杨侗在用人之际不敢惩治重臣，反而派使者赦免其罪，召还东都。王世充又收拢逃亡流散的残兵，得万余人，屯兵含嘉城（位于今河南省洛阳市东北），从此不敢轻易出兵。

秦琼随李密乘胜攻克偃师（今河南省洛阳市偃师区东），随即，柏谷（今河南省宜阳县南）及河阳等地的隋将纷纷率部投降，江淮等许多地方的义军争先恐后地响应瓦岗军。瓦岗军已成为中原地区最强大的一股军事力量，这是瓦岗军最兴盛的时期。

瓦岗军修复金墉城（位于今河南省洛阳市东），并屯兵三十万人于邙山。瓦岗军直逼东都洛阳城东垣北门上春门，隋将段达出兵抗拒。段达看到瓦岗军兵马强大，胆怯率兵退回。秦琼等将领率军追赶，隋军当即溃散。东都留守韦津又率军出战，隋军大败，韦津死于混战中。

李密错误地估计了形势，以为只要占领东都，天下就可以易为己有，遂长期屯兵于防守严固的东都坚城之下。然而，这样做既贻误了向其他地区发展的机会，又极大地消耗了义军的力量。

秦琼率军驻扎在都城外，与隋军交锋百余次，始终寸步未进。

义宁二年（618）三月，政局突变，隋右屯卫将军宇文化及，利用禁军将士思归关中的不满情绪，在江都策动政变，缢弑隋炀帝，立秦王杨俊之子杨浩为傀儡皇帝。消息传到东都，太府卿元文都、武卫将军皇甫无逸、右司郎中卢楚等人于是年五月二十四日拥立留守洛阳的越王杨侗即皇帝位，改元皇泰。王世充被皇泰主封为郑国公，与段达、元文都等其他六人共同辅政。

是年六月，独揽大权的

李密围东都

宇文化及率十万骁果禁军北返关中，意图攻克东都。他们所经过的城邑，大多背叛朝廷，追随宇文化及。皇泰主登基时，有效统治范围只有东都一城，且已被瓦岗军重重包围。杨侗为避免两面受敌，欲借瓦岗军之手阻挡宇文化及的大军，遂派使者盖琮、马公政招降瓦岗军。李密也担心腹背受敌，更担心宇文化及率先夺下东都称帝，便说服了秦琼等将领，率瓦岗军接受了招降，以图后进。皇泰主杨侗册封李密为太尉、尚书令、东南道大行台行军元帅、魏国公。李密同时上表皇泰主，自请由瓦岗军讨伐、消灭宇文化及。

李密投降，使瓦岗军丧失了斗争方向，名极一时的瓦岗义军开始瓦解。秦琼再次"横跳"，成为隋朝将领。

第四章

弃郑归唐：
乱世之中择明主

秦　琼

隋炀帝死后，各地割据势力都在积极谋取正统，展开了争夺天下的战争。乱世中，秦琼奔走于诸王间，数易其主。秦琼先是随李密重归隋军旗下，率军与宇文化及战于黎阳。取胜后还没来得及进入东都，就赶上了郑国公王世充夺权，秦琼又被迫参与到李密与王世充之间的战斗中。不幸的是，秦琼战败被俘，二次投降东都。

郑国公王世充对秦琼还算不错，封其为龙骧将军。秦琼不耻王世充奸诈的为人，便主动做了一次选择——于九曲城外阵前反戈，投奔大唐皇帝李渊。秦琼被编入李世民的秦王府，任马军总管。李世民对秦琼的英勇早有耳闻，对他礼遇有加。秦琼在后来平复河东、攻占洛阳的战斗中也证明了自己的能力。弃郑归唐，是秦琼做出的扭转后半生命运的正确选择。

邙山被俘

武德元年（618）七月，皇泰主杨侗令瓦岗军前往卫州童山（位于今河南省浚县西南）征讨宇文化及，声称平定叛乱之后便让李密前来东都辅政。刚刚归附东都的秦琼，连城门都未曾进去，便率领手下部队继续征战。兵至黎阳时，与宇文化及大军相遇。

宇文化及长途远征，军需粮草供应不及，急于取胜。而瓦岗军为减少伤亡，以逸待劳，尽量避免与主力交锋。徐世勣率军退出黎阳城，向西据守黎阳仓城。宇文化及渡过黄河，占据黎阳，兵分几路包围了仓城。秦琼随李密率领两万步骑兵驻扎在清淇（今河南省浚县西），挖深沟壕、筑高城墙，与黎阳仓城烽火相呼应。每当宇文化及进攻仓城时，秦琼等瓦岗军就袭击宇文化及大军的后方。宇文化及多次进攻黎阳仓城，一直没能攻克。李密算计着宇文化及粮草已尽，难以继续支撑下去，便假意与之讲和。

对战黎阳

宇文化及发现中计后，与瓦岗军在卫州童山下摆开战场。秦琼作为瓦岗军精锐，一直冲杀在前，从早晨鏖战到傍晚。瓦岗军渐不能支，开始后撤。在突围过程中，李密于乱军中被流矢射伤，堕马昏死过去，护卫左右的兵士竞相奔散。在追兵正要赶到的危急时刻，秦琼策马赶到，将昏迷的李密救了回来。

秦琼收拢溃军，率领残部力战追兵，并组织军队稳住了局势，反取小胜，随后退守汲县（今河南省卫辉市）。宇文化及部将陈智略、张童儿等先后归附瓦岗军，在东郡滑台（今河南省滑县东南）负责看守辎重的刑部尚书王轨也向李密投降。宇文化及见大军力竭粮尽，部下又纷纷背叛他，便率部两万人北趋魏县（今河北省大名县西南）。

秦琼率军护送李密前往东都，准备按皇泰主的许诺入朝领赏。大军行至温县（今河南省温县东）时，突然传来消息，东都的王世充发动政变，趁机灭掉了异己，独揽洛阳隋廷朝政。因王世充发动政变的借口是元文都等人欲挟持皇泰主投降李密，李密担心专权的王世充会借机除掉自己，便拒绝入朝朝见，令大军回到瓦岗军的根据地金墉城。李密入主东都称帝的美梦破碎，刚归正一个月的秦琼再次成为"乱臣贼子"。

此时的瓦岗军，府库中没有什么积蓄，打了胜仗也不把战利品分给将士们，使得瓦岗军将领离心离德。李密因为大败宇文化及而骄傲自满，疏远了谋臣贾闰甫、徐世勣等人，反而对贪财的邴元真言听计从。秦琼心乱如麻，不知该往何处去，只是尽着武将的职责上阵打仗，不再关心军政事务。

武德元年（618）九月，王世充乘瓦岗军战后疲惫之机发动进攻，亲率精兵两万、战骑两千，威逼瓦岗军控制的偃师。九月十一日，王世充屯兵通济渠（位于今河南省孟州市境内）南，在渠上架起三座浮桥，准备与瓦岗军决战。

在商议作战方案时，秦琼等将领多轻视王世充，认为忠于他手中的精兵已经很少了，又打了几次败仗，隋军士兵大都吓破了胆，不需要四处躲避，全军出动就能一战而溃。持这种看法的将领十之七八，大家都想速战速决。裴仁基则提出乘洛阳空虚，分派军队守住各重要通道，让王世充无法东进，再挑选三万精兵沿黄河西进，袭击东都，使其首尾难以相顾，疲于奔命。魏徵也苦劝不要与王世充硬对硬，并提出了以逸待劳的计策。最后，李密采纳了多数人的意见，决定倾巢出动，与王世充决一死战。

秦琼、程知节带领内军随李密屯兵北邙山，单雄信带领外马军驻扎在偃师城北，王伯当留守大本营金墉城。王世充派出骑兵渡过通济渠，在偃师城北攻打瓦岗军将领单雄信部，李密派遣裴行俨、程知节援助单雄信。裴行俨中流箭受伤，被程知节救起后方才脱身。直到天色发暗时，交战双方才各自收兵回营，裴行俨、孙长乐、程知节等十几名瓦岗猛将都受了重伤。

秦琼所在的中军大营设在北邙山中的一处山谷中。扎营之初，李密轻视王世充，并未在营帐周围设置壁垒。夜间，王世充派遣三百名骑兵秘密进入北邙山，埋伏在山林中。王世充命令士兵喂好马匹，吃饱饭，并告诫众将士说：今天这一仗不是争胜负，而是决生死。次日清晨，这部分埋伏的骑兵突然发动袭击，居高临下冲向瓦岗军营地。秦琼仓促应战，队形还没摆好就打起来了。

王世充事先找到一个身形跟李密差不多的人，战斗正激烈时，让人牵着捆起来的假李密通过阵前，同时大喊：李密已经被俘！众将还不降？瓦岗军军心大动，不多时就全线溃败。秦琼、裴仁基、祖君彦、程知节等十余位将领听闻主帅已被擒拿，也不再死战，均被王世充俘虏。

王世充设计战瓦岗

王世充转而围攻偃师，守将郑颋的军中有士卒暗中叛变，将城池献给王世充。李密逃出北邙山后，收拢万余残兵逃往洛口仓。瓦岗军长史邴元真暗中派人给王世充送信，引导王世充部跟踪偷袭。李密察觉此事后，欲在王世充大军在

秦琼

渡过洛水时发起突然袭击，但由于内奸做手脚而贻误战机。李密自感力不胜敌，带领随行人马逃遁。邴元真将瓦岗军赖以生存的洛口仓城献给了王世充。李密率残部逃至河阳，还企图南阻黄河，北守太行山，东连黎阳，以图进取。但部属士气不振，李密无计可施，又惧怕翟让旧部报复，遂率两万败军仓皇西逃，入关中归附李渊。

北邙山之战，王世充俘降、招降瓦岗将领几十人，兵士十余万人。瓦岗军失去统帅后，多数州县归附东都王世充，部分归附长安李渊。王世充全部占领了李密原来的地盘，势力范围从洛阳一城猛然扩展到整个河南。这支在推翻隋炀帝统治中起过决定性作用的农民义军，就这样分崩离析，彻底瓦解。

秦琼归附王世充

秦琼被俘虏后，归降了皇泰主，成为王世充的部下。对这次归降，秦琼并没有抵触。不是他没有气节，而是众将本来就已归顺东都，只是中途又被李密带出来与之对抗，这才有了二次归附。

另一边，李密归附李渊后得到了重用，被拜为光禄卿、封邢国公，李渊还将自己的表妹独孤氏嫁给了李密。是年年底，李渊派李密去黎阳安抚昔日的部众，李密率部叛乱，被熊州副将盛彦师斩杀。倘若秦琼当初随李密前去投奔，很可能在这次叛乱中被杀。秦琼在邙山被俘，却也躲过了日后这一劫。

不过，秦琼最终还是归附了李渊，这次是他自己投奔而去的。

东都降将

秦琼生平第一次进入东都洛阳城时，并不是身负荣光的英雄，而是一个满身是伤的俘虏。这座超级大城为征战多年的秦琼提供了少有的安稳的生活，他的心却愈发烦乱起来。

对于秦琼这员悍将，王世充同样非常器重，虽未委以重任，但仍封他为龙骧将军（武职散官，秩从三品），留在帐下听用。秦琼只有虚职，并不领军，这意味着王世充对他们这些降将并不信任。他只能是别人借以攻城略地的利器，却难以继续建功立业。虽然皇泰主杨侗温厚仁爱，但掌握实权的王世充却不是一个明主。

王世充不是汉族人，他本姓支，是西域胡人，他的祖母携子改嫁到霸城王氏，这才有了汉姓。王世充出身寒门，继承了父系的胡人容貌，史载其"豺声卷发""黄发碧眼"。虽然隋代汉化的胡人很多，包括政治中坚力量关陇集团也带有浓厚的鲜卑人特征，但无论是隋朝重臣，还是关陇贵族和山东士族等势力，均难以接受王世充这种既非世族出身又长相奇特的胡人登上权力顶峰。王世充进入洛阳后，在政治上遭受了极大的抵制，因此，他始终不敢远离洛阳，即使到他后来称帝时实际控制地域也都仅限于东都附近。虽然秦琼并非出身于世家大族，但其家世也

秦琼

王世充

是数代仕宦，心理上很难接受要为王世充这样一个毫无霸主之相的人去征战。

邙山之战后，皇泰主封王世充为太尉，为其开太尉府，朝中事务无论大小都决于太尉府，一时间王世充权倾朝野。王世充为人残忍狭隘，他不仅不信任秦琼等一众降将，在政治上也不相信任何人。此时的东都，已开始大搞连坐制和特务监视：家里有一个人逃跑，全家不论老少都株连被杀，父子、兄弟、夫妻之间只要告发就可免罪；又命令五家为一保，互相监督，如果有人全家叛逃而邻居没有发觉，四周的邻居都要被处死。处死的事接连不断，人们叛逃的现象越来越严重，甚至上山砍柴的人，出去、回来都有时间限制，弄得人人自危。在这种情况下，秦琼在东都的生活并不轻松，他谨言慎行，时刻提防着无妄之灾。然而，王世充对降将的各种行为彻底令秦琼寒了心。

秦琼与老乡罗士信非常要好，两人惺惺相惜，平日几乎是形影不离。他们曾同在张须陀麾下屡立战功，又一同归裴仁基阵营，后一起加入瓦岗军征战中原。归附东都后，罗士信被调至皇泰主手下充作禁军将领。王世充表面上对罗士信也是恩遇有加，"厚礼之，与同寝食"，但在王世充的眼中，秦琼、罗士信这些曾跟随过裴仁基的降将是绝对不可信任的。尤其是奸佞小人邴元真归附后，王世充就更加疏远秦琼、罗士信等人。

有一次，王世充的侄子王道询看中了罗士信的骏马，向他索要。对于随时都可能上战场的军人来说，一匹相处默契的战马就如同亲密的战友一般，有一匹好的战马可以更好地征战沙场，甚至可以在一定程度上避免伤亡。所以，罗士信坚决不肯将战马交出去。王世充听说后，竟然下令将罗士信的战马收缴，再赐给王道询。秦琼等好友愤愤不平，却又无计可施，从此萌生去意。夺马事件彻底暴露了王世充的真实态度，他看重的只有亲信，战功再高也不可能获得尊重，照样可以任意折辱。

不久后，王世充又对裴行俨心生猜忌。起初，王世充对裴行俨也是极力拉拢，还把自己的侄女嫁给了裴行俨。后来裴行俨勇猛善战，王世充开始怀疑忌惮裴行俨："行俨每有攻战，所当皆披靡，号为万人敌。世充惮其威名，颇加猜防。"嫌隙一生，自然就有诸多防范和排挤。裴行俨感觉到了王世充的敌意，心中很是不安。裴行俨与程知节是生死兄弟，程知节有一次为营救中箭落马的裴行俨冲入敌阵，连杀数人后抱起裴行俨就往回跑，结果被追兵用马槊捅伤。裴行俨与程知节闲聊时，自然会说出自己的担忧和困扰。听闻王世充的做法后，程知节开始心生怨怼，说他器度浅狭、浑浑噩噩，不配坐在高位上。

在东都，与秦琼境遇类似的还有程知节、牛进达、吴黑闼等人，他们不领兵马，不被重用，同样被打上了瓦岗降将一党的标签。四人既是战友，又是朋友，常常聚在一起议论东都局势，商议如何在这种环境中自处。通过王世充对待他们的态度，他们猛然发现自己也是被排挤和猜忌的对象。之所以得到将军的虚职，完全是因为王世充正在用人之际，长此以往，他们迟早会被清算。另一方面，皇泰主势力孱弱，王世充权倾东都，取而代之是迟早的事，但王世充没有争雄天下的能力和气魄，

秦 琼

唐代壁画中的东都洛阳城阙楼

迟早要被人吞并。东都绝不是可以久住之地，王世充也绝不是可以久处之人。众人讨论来讨论去，最终决定离开东都，另投明主。

历史文献中并没有记载他们之间的商议细节，但明代袁于令创作的《隋史遗文》中对秦琼与程知节的商议过程有所描述。这番连程知节也不相安了，一日到叔宝衙内道："王公器度浅狭，一味诈妄设誓，要动人心。这是老师娘作为，岂是个拨乱之才。前日裴行俨在我面前讲，我因他相知不深，不敢与他说，不意他遭害了。这所在怕不是你我安身之处。"叔宝道："这所在我原不欲来，既来了，却又要似他们谋杀他，

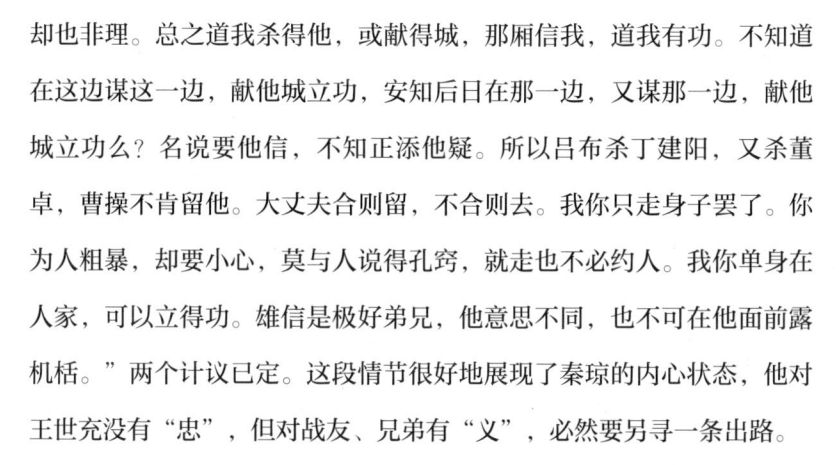

却也非理。总之道我杀得他，或献得城，那厢信我，道我有功。不知道在这边谋这一边，献他城立功，安知后日在那一边，又谋那一边，献他城立功么？名说要他信，不知正添他疑。所以吕布杀丁建阳，又杀董卓，曹操不肯留他。大丈夫合则留，不合则去。我你只走身子罢了。你为人粗暴，却要小心，莫与人说得孔窍，就走也不必约人。我你单身在人家，可以立得功。雄信是极好弟兄，他意思不同，也不可在他面前露机栝。"两个计议已定。这段情节很好地展现了秦琼的内心状态，他对王世充没有"忠"，但对战友、兄弟有"义"，必然要另寻一条出路。

经过一段时间谨慎的思量、商讨之后，秦琼等几位降将把目光投向了已在长安称帝的李渊。

李渊出身于北周关陇贵族家庭。其祖父李虎在西魏时期官至太尉，是西魏八柱国之一，北周建立后被追封为唐国公。李渊的父亲李昞曾任北周柱国大将军，袭封唐国公。李渊的母亲是北周大司马、卫国公独孤信的女儿独孤氏，其妹独孤伽罗是隋朝开国皇帝杨坚的皇后。李渊是一个老谋深算的政治家，"素怀济世之略，有经纶天下之心"。大业十三年（617），李渊出任山西河东慰抚大使、太原留守、晋阳宫监，成为这一地区的最高军政长官。旋即，李渊就杀了郡丞王威、武牙郎将高君雅，打着勤王定乱的旗号于晋阳县起兵。他一边招降叛军、流寇，一边派亲族迅速进兵，乘群雄争斗之机南下，直取长安。李渊拥代王杨侑做傀儡皇帝，遥尊隋炀帝为太上皇。隋恭帝授李渊为假黄钺、使持节、大都督内外诸军事、大丞相、录尚书事，进封唐王。隋炀帝遇弑后，李渊逼隋恭帝杨侑禅让。义宁二年（618）五月二十四日，李渊于长安太极殿即皇帝位，国号为唐，建元武德，定都长安，是为唐高祖。

李渊

李渊称帝时，唐朝疆土只限于关中和河东一带。面对群雄纷争的形势，李渊派遣李世民、李建成、李元吉等人开疆辟土，逐步消灭各地割据势力。李渊待人宽容，求贤若渴地招纳各种人才，颇得拥护。无论是政治地位、军事实力，还是对待手下将领的态度，李渊都称得上是一位明主。除李密、王世充之外，一些大的割据势力还有河北的窦建德，凉州及河西的李轨，并州北面的刘武周和梁师都，以及巴陵荆州一带的萧铣。不论出身还是军事实力，这些割据势力都无法与李密相提并论。

一直随波逐流被动换主的秦琼，决定自己做一回主——逃出东都，投奔李唐。

九曲反戈

秦琼决定离开东都的这一年是唐武德二年（619）。此时，唐军已经扫除了薛举、刘武周等后患，雄踞并州、河东、关中及巴蜀地区，强秦之势已成。唐军牢牢控制着进攻洛阳的潼关、武关、河东等通道，紧挨强敌的王世充只能被动防御。东都一带占尽地理优势，李渊与王世充必有一战。两军交战之时，就是秦琼弃郑投唐之机。

武德二年闰二月十七日，唐骠骑将军张孝珉率领一百精壮士兵袭击王世充掌控的汜水城，并攻入汜水外城，将150艘运粮船沉入水中。两天后，王世充亲自统军进犯毂州（今河南省新安县），秦琼的伤势已经好得七七八八，也一同出征于此。很快，李唐的秦王李世民就击溃了王世充的进攻，并带领唐朝军队南下，一路追击至九曲城（位于今河南省宜阳县甘棠寨）。

九曲城外，战旗猎猎。

王世充率领众将巡营时，秦琼、程知节、牛进达、吴黑闼等数十人突然骑马从军阵中驰骋而出。向西骑行数百步后，秦琼下马向王世充行礼道："虽然郑国公待我们虽然礼遇有加，但留在东都思乡心切，不如就此离去，还请应允我们的要求。"程知节连马都没下，说话更为直接："我等身受优待，总想报恩效力回报，但你信谗言、喜猜忌，不是我等托身之主，不如就此分别。"众人说罢，便一路跑向唐军阵地。阵前突发的反叛，令王世充气血上涌，气愤难当。但因敌军在前，王世充不敢擅自出军截回，只好眼睁睁地看他们离去。

对于九曲城反戈，秦琼是有些犹豫的。秦琼背弃王世充并没有多少忠心层面的心理挣扎，王世充非拨乱之才，弃之

秦琼

秦 琼

而去乃理所当然。但与程知节等人的情况不同，秦琼的妻子及家人还留在东都。若此时出逃李唐，其妻必被株连。但此时又是一个非常适合的逃跑时机，趁着两军战线还没有拉开，所有准备投奔李唐的将领都在一处，成功概率最大。再等下去，等到两军多次交战之后，与唐军死战结仇，更不利于投奔。思索良久，秦琼下定决心，仍按原定计划反叛而去。秦琼骑马远离了王世充大军，身后是被抛弃的妻子，眼前是未卜的前路，心情愈发忐忑起来。

  时局的发展，证明了离开东都是一个非常正确的选择。秦琼投唐一个月后，皇泰主被迫任命王世充为相国，由其统管百官，并封其为郑王，加九锡之礼。王世充的权力虽然达到了顶峰，却仍不能让他满足，他的目的是要自己做皇帝。隋炀帝在世时，王世充对隋朝很忠心，在皇帝面前是标准的忠臣良将形象，深得隋炀帝宠信。当东都洛阳受到起义军攻击时，王世充也曾经多次前去救援。隋炀帝死后，尤其是杨侗登基成为皇泰主时，王世充起了不臣之心。武德二年（619）四月，王世充胁迫皇泰主禅位，建年号开明，国号为郑，大封族人为王。同年五月，礼部尚书裴仁基、左辅大将军裴行俨、尚书左丞宇文儒童、尚食直长陈谦、秘书丞崔德本等几十人商议击杀王世充，再次拥立杨侗为皇帝。事情败露后，王世充将裴仁基等人全部杀死，并灭其三族。六月，王世充派遣自己的侄子王行本鸩杀了皇泰主。

  秦琼在九曲反戈，避过了数月后的这次政变，是一个足以决定其一生命运的重要选择。对此，《隋史遗文》第六十回中曾评价道："当日李密、王伯当、单雄信若肯似叔宝，相天心，归真主，也可荫子封妻。……若使当日叔宝随了李密，桃林一反，也不免丧身。死心从了王

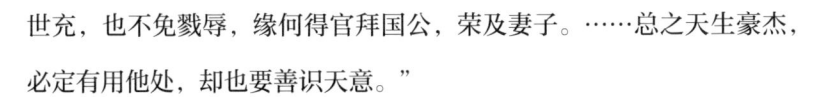

世充，也不免戮辱，缘何得官拜国公，荣及妻子。……总之天生豪杰，必定有用他处，却也要善识天意。"

秦琼投唐后来被演绎为不同的故事，成为民间文学塑造秦琼忠君形象的着力点。如元杂剧《徐茂公智降秦叔宝》中，在郑、唐交兵时，秦琼英勇无敌，令唐将胆慑。徐茂公遂根据王世充阵营内的矛盾献反间计，令秦琼不能安身，在此情形下陆德明劝他投唐。但秦琼对王世充仍有所留恋，说"依着我的心，既降了王世充，又投那唐元帅，做甚么来"，又说"依着我，休生疑忌，进忠心唯有天知"。程知节趁机进言道："岂不闻高鸟相良木而栖，贤臣扶明主而佐也。"秦叔宝遂云："高鸟相良木去同栖，至如俺投降去，他那里信音稀，怎生着我领三军，心去急。"这一情节，较之正史已大不相同。

明代成书的小说《唐书志传通俗演义》中，添加了徐茂公、程知节使用反间计使秦琼归唐的情节，在人物塑造上为秦琼贴上了"忠义"的标签。该书第二十七节"窦建德大胜唐兵 秦叔宝铜打潘林"写道：王世充与李世民两军对阵，身在王世充阵营的秦琼挥舞双铜出战，立马打死唐军的潘林，俘获欧阳武，令李世民大惊失色，不敢再战。第二十八节"程知节用反间计 秦叔宝弃郑归唐"中写道：李世民在闷闷不乐之时，徐茂公献计招降秦琼，通过程知节劝说秦琼，"自故主败后，余人皆归关中，独我与老兄来投郑主。今世充弑君夺位，天下皆为仇敌。尚又听信谗言，弃逐忠良，多用浮词，以惑其众，实非帝王气象也。久闻秦王世民仁慈大度，下士推诚，此乃拨乱之主矣。即目唐、郑交兵，尊兄若不早定大计，异日与草木同朽，悔之晚矣"。秦叔宝不为所动，回答曰："为人臣止于忠。今既委质为郑，复生异图，是导后世为人臣而

秦 琼

秦琼与李世民初次相见

怀二心者也。"程知节不得不用反间计,使王世充怀疑秦琼有二心,徐茂公方怀揣李世民招降密信说动了秦琼,秦琼与程知节在九曲与唐兵对阵之时,拜辞王世充"仆感公厚礼,深思报效,见公多猜忌,信谗言,非可托身之所。请从此辞"。言罢,二人翻身上马,投奔唐阵。

明代长篇鼓词《大唐秦王词话》第二十七回"茂公智说秦叔宝 世民义释程咬金"中有相似的描写,不过徐茂公用的是激将法,而不是反间计。书中写道:秦琼在李密失败后就直接隐居,徐茂公向唐高祖介绍他时说的就是"李密因中神师计,避迹潜形洛蕊城"。这种叙事避去了秦琼降郑对其忠君形象的负面影响。尽管秦琼不甘于未逢真主难建功业,但当徐茂公说出秦王命应紫微,他也十分认同,却又出于忠心地说道:"唐朝虽是真命天子,若论你我,不该投唐,想魏王四马投唐,被秦王数次羞辱,直逼到断密涧而亡,你我若去投唐,就不忠了。"这里忠心的对象并不是王世充,而是李密,这一点与元杂剧《徐茂公智降秦叔宝》的记述有所不同。

秦琼投奔唐朝后,王世充手下的将领也纷纷降唐。骠骑将军李君

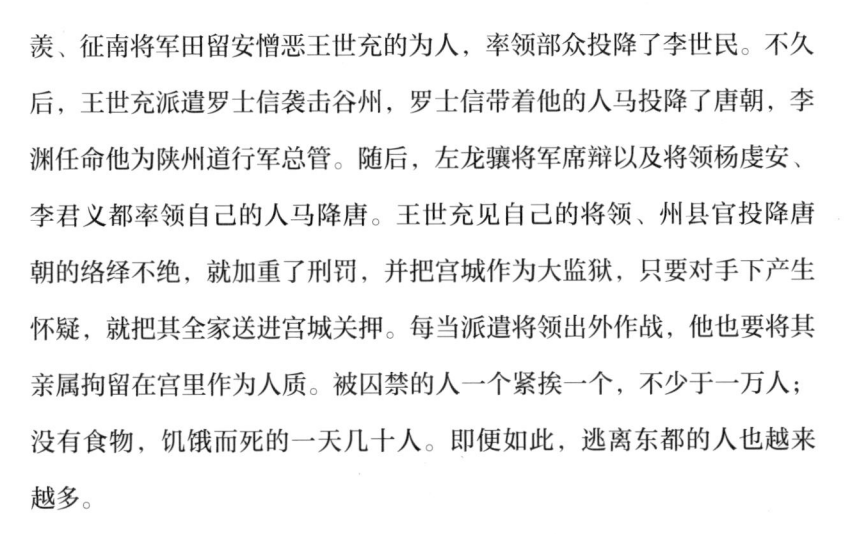

羡、征南将军田留安憎恶王世充的为人，率领部众投降了李世民。不久后，王世充派遣罗士信袭击谷州，罗士信带着他的人马投降了唐朝，李渊任命他为陕州道行军总管。随后，左龙骧将军席辩以及将领杨虔安、李君义都率领自己的人马降唐。王世充见自己的将领、州县官投降唐朝的络绎不绝，就加重了刑罚，并把宫城作为大监狱，只要对手下产生怀疑，就把其全家送进宫城关押。每当派遣将领出外作战，他也要将其亲属拘留在宫里作为人质。被囚禁的人一个紧挨一个，不少于一万人；没有食物，饥饿而死的一天几十人。即便如此，逃离东都的人也越来越多。

王世充与李渊之间，迟早有一场生死决战。而在王世充彻底覆灭前，秦琼已经加入胜利者一方。

马军总管

秦琼等人投奔李唐后，李渊将他们安排在秦王李世民手下听用。

李世民是李渊的第二个儿子，即后来的唐太宗。李世民十六岁时从军，曾前往雁门关解救隋炀帝。十八岁时，他首倡晋阳起兵反隋，拜右领军大都督，受封敦煌郡公，领兵攻破长安。李渊称帝后，李世民也成了一方诸侯，拜尚书令、右武侯大将军，进封秦王，加授雍州牧。此后，李世民率军南征北战，镇压农民起义军及各割据势力，为唐朝的建立与统一立下赫赫战功。

在民间故事中，秦琼早在跟随李密的时候就与李世民见过面，甚至救了李世民一命。传说秦王李世民第一次征讨洛阳王世充时，误闯李密

秦 琼

李世民

的金墉城,被秦琼与程咬金追杀。他们看到躲避在老君堂的李世民后,程知节便不管不顾地要一斧砍死他。所幸秦琼用铜架住斧头劝阻,李世民才免得一死。秦琼对混乱的时局有清晰的认识,当他得知李世民的真实身份后,就劝说魏徵、徐懋功等人私放被囚的李世民:"我想唐家国坐咸阳,人心拱服,这唐元帅上应天命,下合人心,兵行得胜,马到成功。被程咬金赶到老君堂,某见有异相,我想俺魏王所行之事,闭塞贤门,有功不赏,有罪不罚,暗诛贤士,天不降祥,乃义理不辨,望大人每详之。"秦琼等人篡改了李密的诏令,私自释放了李世民。秦琼对李世民说道:"良禽相木而栖,贤臣择主而佐。闻说唐君德胜尧舜,钦文敬武,天下纷纷,以有德而伐无德,以有仁而伐不仁,如今望二位大人主意也。"李世民平安回到咸阳,李密兵败后,就有了秦琼归唐。这个故事最早收录于元杂剧《程咬金斧劈老君堂》,后来也被写入元末明初的《隋唐两朝志传》、明代诸圣邻《大唐秦王词话》等讲史小说中。

历史上,李世民确实对秦琼的英勇早有耳闻,但正式相见却是在九曲城反戈之后。李世民此时刚刚二十出头,年轻有为,又指挥过几次大的战役,是个优秀的军事统帅。秦琼的到来,让求贤若渴的李世民非常高兴,他很信任地让秦琼执掌军权。李世民给予秦琼等人较高的军职,任命秦琼为右一马军总管、程知节为左三统军，任命牛进达、吴黑闼为马军总管，他们各率领一队秦王府的亲军。

秦琼出任的马军总管一职，是秦王府统领军队中的领兵官。李唐平定直接威胁关中的陇右薛氏后，关中形势基本稳定，李渊对军队进行了初步整顿。在禁军十二卫之外，李渊又将元从义军以外的关中军队分作两部分，一小部分归秦王府统领；其余的则分作十二军，驻屯于关中的十二道。十二军的军事组织和编制采用了府兵制的组织形式，用以保卫关中地区和京师的安全。十二军之外，又有太子东宫诸率府，以及秦王、齐王各有左右六护军府及左右亲事府、帐内府分领亲、勋卫及外军诸府。护军府是秦王府的私人武装，共有六府。其中，左一、右一护军府地位较高，军队人数最多。每个护军府中设护军一人、副护军二人、长史、录事参军、仓曹参军事、兵曹参军事、铠曹参军事各一人。此外，另有统军五人、别将十人统帅士兵征战，左二、右二、左三、右三护军府各减为统军三人、别将六人。

秦琼所率领的马军，主要是轻骑兵，其马匹不加装护甲，战力稍逊于重装骑兵，如同后世的摩托化步兵。李世民是一位经常进行高度机动作战的军事统帅，善于使用轻骑兵。如在浅水原之战中，他曾亲率轻骑两千余人跟踪追击，包围了折墌城，迫使薛仁杲投降。所以，秦王府各护军府中都有大量的马军。统军统帅的军队包括弓弩兵、马军、骑兵、辎重兵等不同兵种，而秦琼所担任的马军总管只指挥马军作战，比统军低一等。比照初唐时期的军镇制度，秦琼所担任的马军总管手下约有一千人马。

秦琼投奔李唐时，李世民正镇守在陕东道的治所大荔县长春宫（位

秦 琼

于今陕西省大荔县朝邑镇北寨子村)。长春宫,初名晋城,北周武帝保定五年(565)大冢宰宇文护修筑。隋开皇十三年(593)增建殿宇,宫址占地扩至三百余亩,成为一座城池。晋城三面是悬崖,东临黄河,面对蒲津关,登高可以远望太华、中条二山,俯视黄、洛、渭三河。李渊在太原起兵后,从山西蒲州过黄河,曾将长春宫作为大本营。武德元年年底,唐朝在解决了陇右薛秦对长安的直接威胁之后,就将战略重心转移到收复洛阳,以实现"两京在手,天下我有"的军事格局上。武德元年十二月初二,秦王李世民加封陕东道行台(唐朝初年设置的战时行政区划,一个行台领多个总管府)尚书令,并受节度,出镇长春宫,总领河北、蒲州诸道总管及东讨诸府兵,开始准备经略中原。

秦琼来到长春宫时,唐军正忙着监督筹备东征王世充的各种事宜。就在此时,唐朝管辖的河东地区却出了问题。河东位于东侧,最初是指如今的山西省西南部,因在黄河以东,故名河东。这一地区自古就是

长春宫遗址

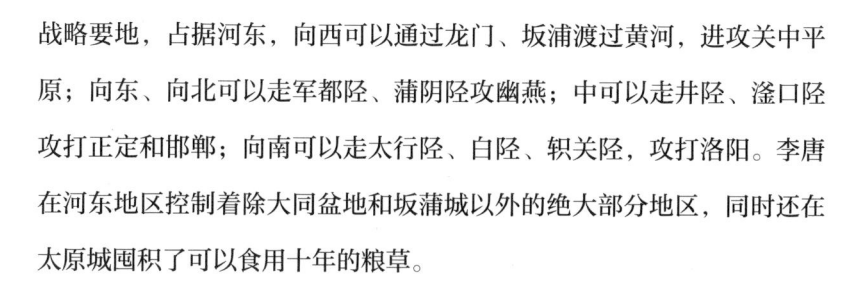

战略要地，占据河东，向西可以通过龙门、坂浦渡过黄河，进攻关中平原；向东、向北可以走军都陉、蒲阴陉攻幽燕；中可以走井陉、滏口陉攻打正定和邯郸；向南可以走太行陉、白陉、轵关陉，攻打洛阳。李唐在河东地区控制着除大同盆地和坂蒲城以外的绝大部分地区，同时还在太原城囤积了可以食用十年的粮草。

在秦琼投奔李唐的次月，河东道就陷入了战火。武德二年三月，朔州一带的割据势力刘武周得到了突厥（即东突厥汗国）的支持，并接受义军首领宋金刚"入图晋阳，南向以争天下"的建议，率兵两万南下并州。面对刘武周、宋金刚凌厉的攻势，并州总管、齐王李元吉处置失当，唐军一败再败。这年四月，刘武周袭破榆次；五月，攻陷平遥；六月，介州失守，援军姜宝谊、李仲文部大败于雀鼠谷；八月，唐朝援军裴寂部大败于度索原（位于今山西省介休市南）；九月至十月，刘武周、宋金刚攻占了李唐的发祥地晋阳，推进到了泰州（今山西省河津市）和浍州（今山西省翼城县）一带，已经打到了陕东道行台辖下的蒲州总管府境内。与此同时，虞州夏县吕崇茂起兵反唐，自号魏王，与刘武周相呼应；隋朝旧将王行本据守蒲州的蒲坂（今山西省永济市），拒绝归附唐朝，并与宋金刚相联合。至此，唐朝在黄河东岸只剩晋西南一隅之地，在河东道的统治濒临崩溃。

秦琼最初并没有参与到河东道的战事中，因为他驻守的陕东道主要负责经略中原，由秦王李世民管辖，而河东道是齐王李元吉的管辖区域。李渊面对河东败局十分沮丧，他认为刘武周、宋金刚兵势太强，很难与他们争锋，所以主张放弃黄河以东地区，退守关西，以固守关中为上。李世民却反对收缩防御，他认为河东地区能够有力地支援关中，是十分重要的战略要地，应该积极筹划反攻。李世民向李渊请战，表示愿意领秦王府兵马，并申请调拨三万府兵，前往河东平定刘武周。最终，李渊同意了这一请求，下令将关中可调动的精锐部队交给李世民，并亲自送李世民到同州。

此时，秦琼在长春宫度过了相对轻松的大半年时间，一身伤病已经好得七七八八。秦琼加入李世民的麾下尚未有所表现，看到战事将起，他摩拳擦掌，跃跃欲试，期盼着能在战斗中立下军功。

第五章

平复河东：
战功赫赫显威名

秦琼归唐后不久，地方武装割据势力刘武周、宋金刚率大军举兵南下，与唐朝争夺河东地区。唐军连战连败，几乎失去了整个河东地区，关中地区受到威胁。在此情况下，秦琼随李世民前往河东平寇，大名鼎鼎的柏壁之战拉开了序幕。

秦琼自武德二年（619）十一月进入河东道后，经历了美良川、安邑、蒲坂三次交战，三战三捷，并多次击败宋金刚麾下大将尉迟恭、寻相。宋金刚撤兵后，秦琼又作为唐军先锋，率骑兵穷追猛打，"一日八战，皆破之，俘虏斩杀数万人"。在大败宋金刚军队的过程中，秦琼立功最多，被封为秦王府右三统军，授上柱国。在不到一年的时间里，秦琼用赫赫战功证明了自己的能力，成为秦王府"第一悍将"，并收获了与李世民的君臣情谊。

屯兵柏壁

武德二年（619）十一月，李渊亲赴长春宫为大军出征河东饯行。

在民间故事中，李渊早在反隋前就已与秦琼见过面，秦琼还救了他一命。《说唐演义全传》第四回中曾讲到"临潼山秦琼救驾"的故事。李渊得罪了还是晋王的杨广，路过临潼山植树岗时，杨广与宇文化及扮作山匪截杀李渊。李渊率李道宗、李建成及一众家将顽强抵抗，山匪死伤惨重，却仍不畏生死地冲上来。此时，秦琼正在岗上的伍员庙中假寐，忽听庙外有人马喊杀之声，便忙出来察看。他骑马行至半山腰，只见山下烟尘四起，数百名山匪围住官兵厮杀，喊杀连天。秦琼把马一纵，借那山势冲下来，厉声怒喝："山匪不要逞强，妄害官员！"

众贼人听闻吃了一惊，回头一看，只见是一个人，便不放在心上。待到秦琼打至近处，方有三五个人来抵挡，秦琼手起锏落，一连打死十数人。战不多时，秦琼顺手一锏，照着为首的山匪头子的脑袋上打来，幸好山匪头子躲得快，锏只打到了那人肩膀上。山匪头子腹痛难忍，大叫一声，败下阵来，其他山匪见状不敢上前与秦琼为敌，纷纷四散逃窜。

秦琼救驾

秦琼抓住一个山匪，问道："你等何处毛贼，敢在此地行劫？"那人慌了道："爷爷饶命！只因东宫太子与唐公不睦，故扮作强人，欲行杀害。方才老爷打伤的，就是东宫太子。求爷爷饶命！"秦琼听后，吓出一身冷汗，便顺势骑马向前跑去。逃出险境的李渊刚要询问恩公姓名，却见他一人追敌而去，便忙上马跟随。一连跑了十里，秦琼见李渊紧随不舍，只得回头道："李爷休追，小人姓秦名琼，我们后会有期。"说罢，举起手来摇了摇，便将马一夹，飞驰而去。李渊想继续追赶，怎奈马匹已经脱力，便停了下来。匆忙中，李渊只听得一个"琼"字，又见他把手一摇，错认为"五"，便暗暗记下，以图后报。后来，

秦 琼

李渊为秦琼修了一间"报德祠",立了一块"恩公琼五生位"的牌位,以铭记救命之恩。在《隋唐演义》《兴唐传》中,都有相似的故事。这个故事后来还被改编为京剧《临潼山》,汉剧、川剧、湘剧、同州梆子、徽剧、豫剧、秦腔、河北梆子等剧种均有此剧目。

而在历史中,秦琼第一次见到李渊是在长春宫。李渊热情接见了秦王府的一众将领,他见到秦琼后,十分热情地做了一番鼓励。这之后,李渊回到长安,秦琼披甲出征。

武德二年(619)冬,寒风凛冽,黄河河面已经冰封。秦琼随李世民从龙门(今山西省河津市西北)渡过黄河,屯兵于河对岸的柏壁(位于今山西省新绛县柏壁村)。柏壁位于峨嵋岭台地北部,距离黄河约40公里,其地三面临深沟,是个非常险要的所在。北魏明帝元年(420),太武帝时在此置东雍州,并筑柏壁城。唐军来到这里以后,趁宋金刚尚未察觉筑起壁垒。当时,河东北部有刘弘基部驻太原防备刘武周的大队人马,中部有宋金刚部驻扎在浍州正欲南下吞并晋南,南部有李孝基等

柏壁

围攻夏县。柏壁位于宋金刚侧后方,屯兵于此可与固守绛州(今山西省新绛县)的唐军形成掎角之势,逼使宋金刚调整一部分军队向西应战。这样一来,就遏制宋金刚主力的南下势头,防止其与蒲坂、夏县连成一线。

秦琼率军驻扎下来后,很快发现供给成了一个大问题。当地仓廪空虚,民众又被吓得纷纷躲入城堡,大军面临缺粮的风险。为了解决这个问题,唐军除了让后方加紧运输以外,还利用李唐家族长久以来在河东地区的影响,从民间征收粮食,军粮因此逐渐充盈。李世民又派人到处宣传唐朝的仁义政策,很多河东豪强和百姓都前来归顺。

唐军坚壁不战,其目的并不是逼退敌军,而是要在战略震慑的同时等待时机,适时歼灭,战争陷入长时间的对峙中。民间故事中,还演绎出秦琼前往柏壁关挑战尉迟恭的故事。《说唐演义全传》一书中将柏壁城称为"白璧关",秦琼到达这里的次日就只身前去叩关,要单挑尉迟恭。不巧的是,此时尉迟恭往马邑催粮去,并不在城关,宋金刚便问哪位将军可以前去应战,这时"有大将水生金愿往,提刀上马,冲出城来。战了三合,被叔宝一枪刺落马下。败兵飞报入关,大将魏刀儿大怒,举枪上马,又冲出城来。战了二合,又被叔宝刺死,宋金刚失了二将,打听来将是秦叔宝,便令军士闭关,不许出战。叔宝知尉迟恭不在关内,便收兵回营,秦王闻叔宝得胜,吩咐摆宴庆功,饮到黄昏"。一人杀两将,震慑敌军,可见在民间认知中,秦琼是多么的英勇。当然,历史中的秦琼并未上演这一故事情节。

两军对峙期间,唐军经常派出小股军队抄掠敌军的粮道,并时不时骚扰一下宋金刚。秦琼常带领小队马军,进行骚扰、抢夺、侦察等。

秦琼

秦琼、李世民夜窥柏壁

不只是秦琼，就连李世民也按捺不住，经常亲自率领小股军队深入敌境侦察。有一次，李世民带领秦琼等一队轻骑兵进入敌境进行侦察。他把秦琼等人都派出后，身边只留了一个侍卫在原地等待。两人都有些困乏，便倚着大树睡着了。时值隆冬，却有一条白蛇从侍卫脸上爬过。侍卫猛然惊醒，发现有一支宋金刚的侦察队伍从此路过，并悄悄围了过来。见有敌军，侍卫连忙拍醒李世民，两人立刻上马逃窜。才走了一百多步，他们就被敌军追上了，李世民用大羽箭射杀了敌军将领，敌军一乱，李世民就成功突围了。在《隋史遗文》中，陪同在李世民身边的正是秦琼，他与李世民一同持弓后撤，待敌人有七八十步远时才将箭射了出去，一连射杀两人后，追兵都闪入树林，不敢再追。

这一则历史中的小事件，到明代被改编为一则"秦王夜探白璧关，叔宝救驾红泥涧"的故事。《说唐演义全传》第四十五回提到：程知节忽悠李世民轻骑简从，悄悄出营，夜探白璧关。两人正在城关下说话，正赶上尉迟恭巡关，李世民、程知节均不能敌。程知节便将李世民作为人质，放下狠话，说要找秦琼来与之对战。不多时，秦琼驰马赶到，与尉迟恭战到一处。尉迟恭回马追赶李世民，秦琼则紧紧跟在他身后。三人所骑的都是宝马良驹，一直追赶到天色微明，到了美良川地界。路过一条极狭小的弯路时，尉迟恭想要打秦琼一个不备，便左手举鞭、右手提矛埋伏在这里。秦琼也十分机敏，心想若是尉迟恭埋伏在这里偷袭可如何是好。秦琼心中想着，便收起长枪，取出双锏防备着。转过弯来，尉迟恭大喝一声将鞭打下，秦琼用左手中的锏架开钢鞭，右手持锏向尉迟恭打去。尉迟恭把右手中的矛一架挡开攻击，左手持鞭又打下去。秦琼再次架开鞭，又打了一锏。尉迟恭一矛挡开锏，接着又是一鞭。秦琼架开鞭，准备继续挥锏，尉迟恭却不再恋战，回马继续追逐李世民去了。秦琼继续追逐而去，三人越过四丈宽的红泥涧，一直追赶到黑雅山，才各自回营。

尉迟恭打出三鞭，只换得秦琼两锏，民间便有了"三鞭换两锏"的典故。对秦琼、尉迟恭两人兵器的重量，后世隋唐小说中也有不同说法：《隋唐两朝史传》中提到秦琼手中两锏共重约百斤，尉迟恭一鞭重约八十斤；《唐书志传通俗演义》则讲到秦琼两锏大约有六七十斤，尉迟恭的钢鞭重八十斤；《隋唐演义》说秦琼两锏重一百二十八斤，尉迟恭的鞭重一百二十余斤；《说唐演义全传》中则说秦琼两锏重一百八十斤，尉迟恭的鞭重八十一斤。在这几种描述中，秦琼与尉迟恭所持兵器在重量上相差不多，在力量上互有胜负。

历史中，秦琼与尉迟恭初次相逢并交战的时间要稍晚一些，是在武德二年（619）十二月夏县之战之后。其地点，则是在今山西闻喜县南的美良川。

秦琼

首战建功

秦琼随李世民在柏壁与宋金刚对峙的时候，南线的唐军也在积极行动。武德二年（619）十二月，唐朝派出永安王李孝基、工部尚书独孤怀恩、陕州总管于筠、内史侍郎唐俭等人攻打夏县的割据势力吕崇茂。吕崇茂不敌，向宋金刚求援，宋金刚派尉迟恭、寻相援救。

尉迟恭，字敬德，本名尉迟融，朔州善阳（今山西省朔州市朔城区）人。传说尉迟恭面如黑炭，少时曾为铁匠，后世铁匠常奉之为守护神。在民间传说中，尉迟恭与秦琼同时成为道教传统门神。在隋唐系列小说中，尉迟恭乃黑煞星转世，为隋唐十八杰里的第十三杰，与秦琼并列。

尉迟恭

隋大业末年，尉迟恭在高阳参军讨伐暴乱兵众，以勇猛闻名。尉迟恭善骑术，精通马槊。他单枪匹马冲进敌阵时，敌人的马槊不仅刺不到他，往往还被他夺去，回手反杀回去。他凭借自己的勇猛立下了赫赫战功，一直提拔到朝散大夫。后来，尉迟恭随马邑鹰扬府校尉刘武周起兵反隋，担任偏将。刘武周举兵南下进犯河东时，尉迟恭也在其中。

刘武周占领太原后，尉迟恭又随宋金刚继续南下，战功卓著，是刘武周麾下第一猛将。

尉迟恭穿过李世民防区到达夏县时，围攻夏县的唐军正在城外打造攻城器械，还没来得及攻城，就被尉迟恭进行了反包围。在尉迟恭与吕崇茂的里外夹击之下，唐军惨败，李孝基、独孤怀恩、于筠、唐俭、刘世让等唐军将领全部被俘。吕崇茂本人却因唐朝的反间计被尉迟恭杀死，夏县由吕崇茂的余部继续驻守。尉迟恭和寻相则带着俘获的万余兵马，以及缴获的大量军用物资，兴冲冲返回浍州。

探知敌军动态的李世民，急忙派出一队轻骑兵，赶在尉迟恭之前在美良川设伏。这一仗，是唐军在山西与刘武周开战以来第一次主动出击取胜，也是秦琼投唐后的第一场战斗。为打好这一仗，李世民派出包括秦琼在内的多位将领，以陕东道行台兵部尚书殷开山作为领兵主将，总管卫孝节、将军秦武通、马军总管秦琼为大将，这些人均善用骑兵。在这场遭遇战中，唐军还第一次出动了精锐骑兵军队玄甲军。李世民在秦王府护军中挑选了千余精锐骑兵，他们身着黑衣黑甲，骑着快马，故名玄甲军。玄甲军分左右队，由秦叔宝、程知节、翟长孙等骁将统领，后来人数最多时也只有几千人。玄甲军军容威严肃杀，每次冲锋陷阵时都作为先锋，如黑云一般压向敌阵，纵横驰骋，所向披靡。

美良川是通往夏县的必经之路，风景秀美，却地势险绝。秦琼、殷开山深知这是屯兵柏壁后主力部队的第一次交战，虽各有本领，却不敢轻敌，非常有耐心地埋伏在山涧两侧。在美良川遭遇秦琼之前，尉迟恭已经十个月连胜唐军，消灭了围攻夏县的唐朝援军，相当自负，因此行军途中并没有派出很多探马。当尉迟恭的军队渡过美良川时，秦琼等唐

秦 琼

年画中的秦琼与尉迟恭

军将领抓住战机，率领骑兵突然进攻。尉迟恭、寻相被打了一个措手不及，部队顷刻溃散。尉迟恭立即收拢兵马，抵挡唐军的猛烈攻势。在战斗中，能与尉迟恭相抗衡的只有秦琼一人，二人打作一团，不分胜负。受地势所限，尉迟恭的军队无法组织起有效的防御，节节败退，损失了两千多人后才突出包围，尉迟恭率突围部队逃往浍州。夏县之战所获万余俘虏及辎重大多被唐军夺了回来，秦琼等人率军迅速撤回柏壁大营。

美良川一役，因李世民部署得当，秦琼等将士杀敌勇猛，唐军取得了对宋金刚作战的第一次重大胜利。美良川之战是整个河东战局的转折点，彻底遏制了宋金刚的南下势头。此后，刘武周、宋金每战皆败，再没胜过，直至全军覆没。

秦琼在美良川之战中功劳最多，尤其是以一己之力击败尉迟恭，居功甚伟。明代《隋史遗文》中曾评价秦琼道："复取晋阳，乃造唐根本；败尉迟，乃破宋金刚张本；而美良川之战，叔宝为最，秦王之得叔宝力，亦于此为最。附骥千里，斯无负其材武矣。"美良川之战及秦琼在战斗中的表现，后来被讲史小说、戏剧演绎为各种故事。《隋唐演义》第五十六回、《说唐演义全传》第四十六回、《大唐秦王词话》第二十九回及第三十回，都是根据秦琼大战美良川演绎出的故事。传统戏剧中，京剧有《美良川》，秦腔、同州梆子有《米良川》，豫剧有《打恨石》，汉剧有《白皮关》，川剧、湘剧、丝弦戏、滇剧等剧种均有相关剧目。

李世民将美良川之战写成军报上奏，并着重提到了秦琼的功劳。李渊看过军报后，非常欣喜，忙派人到柏壁劳军。李渊赐给秦琼一只金瓶以示奖励，并进一步勉励道："爱卿当初不顾妻儿安危前来投奔，又立下了赫赫军功，朕非常欣慰。若我的肉能对你有用处，那我也能割下来赐给你，更不要说那些财物、美女了。你当勉励，再立新功。"这之后，李世民提拔秦琼升了一级，成为秦王府的右三统军。

美良川之战后，宋金刚需以其主力与李世民在北线相持，因此无法抽调出太多兵力南下。但是，宋金刚又不想放弃夏县之战后唐军防线在夏县直至蒲坂一线出现缺口的有利战机，遂采用"潜引精骑"的策略，派出尉迟恭和寻相悄悄地率领精锐骑兵，南下增援蒲坂。蒲坂，即隋朝河东郡郡治所在的河东县，地处两水合流的平谷地，紧靠黄河、潼关，是太原至长安的交通枢纽中心，也是河东诸郡通往长安的咽喉要道，有"控据关河，山川要会"之称。李渊自晋阳起兵后，多次想收复蒲坂，但一直没有成功。此时的蒲坂是王世充的势力范围，由其侄王行本镇守。宋金刚此举，意在进攻唐军侧后，进而西渡蒲坂进入关中，寻机进攻华州的永丰仓，迫使唐军放弃河东。

李世民很清楚宋金刚的企图，唐军必须在与宋金刚进行主力对峙的同时，抽调精锐打掉宋金刚精锐，迫使宋金刚放弃战火南引的计划。尉迟恭和寻相的部队在美良川战斗中损失惨重，他们补充兵力后再次南

秦琼

下。当得知尉迟恭增援蒲坂的消息后，李世民仍留唐军主力在柏壁与宋金刚对峙，自己则率秦琼等将领前往安邑（位于今山西省夏县），准备再打一场出其不意的伏击战。

秦琼与尉迟恭之间，再次面临一战。

连战连捷

安邑位于夏县西南，是浍州前往蒲坂的必经之路。为出其不意，秦琼随李世民率精锐骑兵三千人，从柏壁出发，走小路夜奔安邑，在尉迟恭、寻相之前赶到了安邑。

秦琼在安邑截住了尉迟恭正在行进的部队，两军顿时厮杀在一起。尉迟恭只有战斗能力而无军事统帅能力，再次被唐军的突然袭击搞得不知所措，无法组织起有效的攻击。秦琼与尉迟恭的对战过程不得而知。史书关于安邑之战的记载非常简洁，《资治通鉴》中只有一句："邀击，大破之，敬德、相仅以身免，悉俘其众。"秦琼与尉迟恭旗鼓相当，尉迟恭并没打过秦琼，秦琼虽小胜却也没能重伤对方。尉迟恭率领的都是配有战马的精锐，他见一时间打不过唐军，便开始组织后撤。

秦琼对战尉迟恭

秦琼率领的全部是骑兵，紧追其后数十里，坚决要将这支骑兵歼灭。最终，宋金刚派出的这支骑兵被全歼，只有主将尉迟恭和寻相得以逃脱。

安邑之战后，蒲州王行本被彻底孤立，宋金刚本部也被牢牢地压回浍州。安邑之战扩大了美良川之战的战果，标志着唐军已经完全掌握了晋西南的野战主动权。唐军在新绛、柏壁、安邑之间构筑了一个三角形的控制区，将长安外的重要关隘潼关牢牢地护在身后。唐军局势由战略防御转入战略相持阶段。

两战告捷使唐军的士气空前高涨，包括秦琼在内的众将领纷纷请战，要求积极进攻一举全歼宋金刚。身为军事统帅的李世民刚满二十一岁，有着与实际年龄极不相称的稳重。他冷静地说："宋金刚孤军深入，麾下集中了精兵猛将。刘武周占据太原，倚仗宋金刚为保卫屏障。宋金刚的军队没有储备，靠掠夺补充军需，利于速战。我们关闭营门不出，养精蓄锐，可以挫挫他的锐气；再分兵攻汾州、隰州，骚扰他的要害之地，他们粮尽无计可施，自然会退军。我们应当等待这个机会，目前不宜速战。"听闻这一战略，秦琼等将领才安下心来，继续屯兵柏壁，与宋金刚对峙。

武德三年（620）正月，唐军将领秦武通自长春宫东进攻蒲坂，王行本突围失败，在粮尽援绝的情况下开城投降。自此，唐军粮草辎重可以安全地经蒲坂渡口向河东输送，也彻底断绝了刘武周、宋金刚以此为据点攻入关中的可能。另一边，宋金刚率兵西进，包围了唐军占据的绛州城。二月，刘武周再次遣兵攻打晋东南的潞州，并连陷数城。唐军派王行敏支援潞州，击退了刘武周的进攻。三月，刘武周又派兵进攻浩州（今山西省汾阳市），被唐军击退。不久，唐军收复石州（今山西省吕梁市），开始转入战略进攻阶段。

这年四月，唐军驻扎在张难堡（今山西省平遥县附近）的骠骑大将军张德政袭击了保护宋金刚粮道的黄子英部，晋州附近城池也纷纷归顺唐朝。宋金刚粮道被截断，无力再战，不得不向北撤退。武德三年（620）四月十四日，宋金刚被迫放弃晋州，往介州撤退。唐军在柏壁养兵已久，士气高昂，此刻倾巢出动，毫不犹豫地追了上去。秦琼期盼已久的立功时机终于再次来到。

得到宋金刚撤退消息的第一时间，秦琼、程知节立刻率领一万骑兵作为前锋从柏壁出发，徐世勣、长孙无忌、侯君集等率领两万兵马跟在后面作为接应。秦琼开始了"一日八战，俘斩数万"的紧张作战状态。唐军的骑兵优势让宋金刚只能不断向北奔逃，辎重和步兵被不断舍弃。为了保障大军顺利后撤，宋金刚的大将寻相担任后卫，他率军顽强抵抗着跟在后面的唐军。秦琼奔袭近千里，紧紧咬住后面。其间，唐军大约用了六天的时间，沿途收复浍、晋二州。战事紧张时，他们甚至两天没有吃过一口饭，三天不解甲休息。

四月二十一日，秦琼在吕州与寻相的殿后部队遭遇，寻相大败后逃入吕州城。后续追来的唐军共一万兵马将吕州城包围起来，寻相无力守城，带领部分兵马冲出城门向北逃去。唐军留下五千兵马进攻吕州城，秦琼随着李世民率领五千骑兵向东北追赶宋金刚的主力。全军将士没有睡觉、没有休息，一日一夜走了二百多里，与对方布下的殿后伏兵打了数仗。

《隋唐野史》第五十七回中，杜撰了秦琼与宋金刚在夜间对战的情节：宋金刚提刀骑马飞驰而走，行至二十里时，遇到了埋伏在山谷的里程知节的截杀。宋金刚纵马持刀战之,程知节虚晃一枪,四下精兵皆起。宋金刚不敢恋战,继续往前逃去。又行三四里,只听前面鼓声震天,正是秦琼率骑兵在前列阵阻击。秦琼提双锏驱马叫战,宋金刚大怒,纵马迎之。两人交手不过三个回合,宋金刚就不敌败走,秦琼紧追而上。这时,宋金刚的部将舒士亨提枪阻拦,秦琼只一锏就将舒士亨打落马下。宋金刚则钻入密林,沿着小路逃走。

而在正史记载中,四月二十二日一早,连夜奔袭的秦琼终于远远地看到宋金刚的主力,其兵马已进入雀鼠谷的南口。雀鼠谷北起义棠、中经灵石、南至霍州,全长约一百五十里,是自晋州经灵石、介休向太原进军的必经之路。之所以叫雀鼠谷,是因为谷中崎岖陡峭,只有鸟雀、鼠类动物才能轻松通过,可见在这里行军非常艰难。尤其是灵石以南的一段更加险峻,《水经注》中记载道:"数十里间道险隘,水左右悉结偏梁阁道,累石就路,萦带岩侧,或去水一丈,或高五六尺,上戴山阜,下临绝涧。"由于其独特的战略位置和地形,雀鼠谷自古就是兵家必争之地。大业十二年(616),还是隋右骁卫将军的李渊,就曾率领河东太原五六千兵马在雀鼠谷围剿甄翟儿的农

秦琼追击尉迟恭

民起义军，剿灭对方两万余人。四年之后，李渊的儿子李世民率军杀入雀鼠谷。追到高壁岭（今山西韩信岭）的时候，将士们又累又饿。李世民认为不能给宋金刚喘息的机会，一定要尽快彻底地打败他，于是下令继续追击。

雀鼠谷中双方激烈交战，秦琼一天大战八次，紧紧咬住敌人。最终，唐军大获全胜，俘虏了敌军数万人。直到这天夜里，疲惫的唐军才终于停了下来，在雀鼠谷的西原宿营。唐军苦战两天一口饭没吃，全军只有抓到的一只羊供大家吃，李世民与秦琼等将士们分食之。见此情景，秦琼对程咬金说道："咱们真是投对门了，同甘共苦，这真是一位贤明的主公啊！"

这时，从宋金刚手下脱身逃回的唐陕州总管于筠带来了敌军的消息，称宋金刚撤兵时兵力至少有五万人，此时只有两万兵马，据守介休。在李世民的指挥下，秦琼等唐军立即停止休息，兵赴介休。

克复汾晋

武德三年（620）四月二十三日，秦琼率军走出雀鼠谷，随李世民来到介休城下。

此时，唐军的后续部队和补给陆续赶到，继续困守孤城只会被困死，唯有出城迎战才有一线生机。二十五日，宋金刚以残部精兵两万出城西列阵与李世民决战，战线南北长七里。李世民派遣秦琼、程知节、徐世勋攻打阵北、翟长孙、秦武通攻打阵南。开战后，宋金刚以优势的兵力压了过来，先锋部队不得不稍稍后退，宋金刚乘机反扑。李世民马上调整部署，亲率精骑冲杀其后军，宋金刚部大败，被斩杀三千多人。此时，南北两端的攻击进展迅速，宋金刚七里长的队列首尾不能相顾，阵线被逐步压缩，唐军完成了南北合围。宋金刚大败而逃，只率少数骑兵突围，仓皇之中没有回介休城，而是匆忙向东北逃走。秦琼等人带领部队追击宋金刚，一口气跑到几十里外的张难堡。此时的张难堡，由李唐的浩州行军总管樊伯通、张德政据堡自守。李世民到了堡前表明身份，堡中将士喜极而泣，激动地将李世民、秦琼等一干人迎了进去。秦琼等人又饥又困，当日便留在张难堡中短暂休整，次日继续引兵逼近介休。

另一方面，尉迟恭和寻相率残兵突围后没有跟随宋金刚逃走，而是转身返回了介休城，收拾残部继续坚守城池。唐军不再进攻介休城，而是派了李道宗与宇文士及前去招降。介休城中，主帅已经不知去向，接连的败仗让军队士气低落，无法再战。认清局势的尉迟恭便和寻相不得不投降李唐，并献出介休、永安二城。

《隋唐野史》第六十回曾描绘了秦琼随李世民一起纳降的情节：尉迟恭率领城中士兵及民夫八千余人出城投降，其士兵均身着铠甲，手执兵器，列阵而待。李世民为表示诚意，不着铠甲，只身前往迎接。左仆射屈突通劝谏要小心尉迟恭诈降，李世民置若罔闻，继续策马前行。秦琼在一旁劝说众人不要阻拦李世民,为防变故,自己可随秦王去受降。众将见秦琼跟着前去,心知不会出什么纰漏,便放下心来。秦琼陪着李世民来到城下,尉迟恭下马立于阵前。问及列阵原因,尉迟恭说是怕唐军怀有旧恨,列阵以防不测。李世民转头跟秦琼说道:回到军中晓谕众将士,但有挟仇与敬德为敌者,以军法斩首。这既是对全军说的,也是对秦琼说的,提醒他断了与尉迟恭一较高下的念头。尉迟恭听后纳头便拜,这才安心投靠了李唐。

历史中,李世民知尉迟恭投降后非常高兴,立即任命尉迟恭为秦王府右一府统军,并十分信任地让他统其八千旧部。尉迟恭的军中职务与秦琼相当,可知秦琼麾下的兵马也在八千上下。势均力敌的两人还没分出个胜负,反而成为同僚。此后,尉迟恭跟随秦王李世民参与唐初统一战争,平定王世充、窦建德、刘黑闼、徐圆朗等势力,颇有功勋,后与秦琼一同被列为"凌烟阁二十四功臣"。

宋金刚南下攻击河东时,刘武周把自己全部的精兵良将都交给了他。当宋金刚全军覆没的消息传到并州时,绝望的刘武周放弃并州,带着少数部众流亡突厥。刘武周走后,留守晋阳的仆射杨伏念开城投降,归顺了唐朝。秦琼随李世民班师回长安的路上,轻松地剿灭了盘踞在夏县的吕崇茂余党。至此,李唐被刘武周夺取的城池全部收复,长达五个月的柏壁战役结束。

宋金刚本想聚集旧部,把原有各州县的兵力集中起来,再把刘武周迎回来,但已无人响应。无奈之下,宋金刚只能率一百余骑兵逃奔突厥。流亡的刘武周不甘心彻底失败,多次借突厥兵马南下,都被李唐新任并州守将李仲文击退。突厥人觉得刘武周已经没什么利用价值了,就把打算回马邑的刘武周杀害了。宋金刚见刘武周被杀，企图逃回他的起兵之地上谷郡，结果被突厥追获给腰斩了。至此，唐朝在北方最强劲的敌人刘武周彻底覆灭。突厥任命苑君璋为大行台统领刘武周余部，又派突厥兵协助镇守。至此，李唐与突厥的边界自石岭划分，其后方基本稳定下来。

五月底，秦琼随李世民回到长安。回师途中，河东百姓敲锣打鼓、唱歌跳舞，组织盛大的活动欢迎唐军。唐军将士的兴致也很高，将旧有曲调填上新词，庆祝这次重要的胜利："受律辞元首，相将讨叛臣。咸歌《破阵乐》，共赏太平人。"这段军乐，后来被命名为《秦王破阵乐》，成为唐初的军歌。

回到长安后，李渊嘉奖了功绩斐然的秦琼，录前后勋，赐黄金百斤、杂彩六千段，授上柱国。唐初以"杂彩"赐功臣，每十段包含丝布二匹、绢二匹、绫二匹、缦四匹，六千段杂彩的价值近万贯。"上柱国"是勋级，只能靠战场功绩获得，是对其军功的肯定。唐代勋级分十二等，最高等级就是上柱国："皇朝（唐朝自称）改以勋转多少为

莫高窟壁画《破阵乐舞势图》

差,以酬勋秩,凡勋十有二等:十二转为上柱国,比正二品;十一转为柱国,比从二品……二转为云骑尉,比正七品;一转为武骑尉,比从七品。"仅就功勋而论,秦琼已达最高。一个月后,秦琼投入到更为激烈的洛阳战场,再立功勋。

武德三年(620)七月,李世民以益州道行台尚书令的身份总统诸军,东讨占据洛阳的王世充。早在武德元年(618)正月,李渊就曾以世子李建成为左元帅、秦公李世民为右元帅,督军十余万人夺取洛阳。义宁二年(618),唐军从洛阳撤退后,在洛阳西面设置了新安、宜阳二郡,并留兵镇守。武德元年,改宜阳郡为熊州,由行军总管史万宝、盛彦师镇守;改新安郡为谷州,由吕绍宗、任瑰镇守。武德二年(619)十月,唐朝与王世充双方仍在反复拉锯作战,互有胜负。趁宋金刚南下时,王世充抢了南面大片土地,南边到襄阳,东南到徐州,东边到汴州(今河南省开封市)、杞州(今河南省杞县),东北已经和割据势力窦建德的势力范围接壤。但是,王世充势力范围的西部无险可守,三门峡天险以及两条崤道都控制在李唐手中。洛阳北部及河东地区已被李唐收复,河北则在已经跟王世充断交的窦建德手中。

从东都洛阳出走的秦琼,即将与昔日的主公对战疆场。

第六章

决战虎牢：
秦王帐下勇将军

秦琼

武德三年（620）夏，唐军进逼河南诸郡，开始攻打王世充。征讨河南期间，秦琼常作为前锋，每次都所向披靡，攻无不克。次年春，王世充与夏王窦建德结盟，窦建德率十万军队驰援洛阳。秦琼又随李世民前往虎牢关抵御窦建德。窦建德全军自板渚出牛口列阵，逼近汜水向唐军进攻。诸军混战中，秦琼率军冲入夏军大阵，来到敌阵后方展开唐军旗帜，使敌军涣散溃逃。不久之后，王世充绝望之下献城投降。

虎牢之战中，秦琼表现出来的强劲战斗能力，远胜于其指挥能力。尤其是在李世民这样一个军事指挥天才的手下，秦琼很少独自领兵出征，而更像是李世民的拳头，狠狠地打击了敌人。战后，因平定河南有功，秦琼被封爵为翼国公，成为唐王朝的开国二十八国公之一。

围攻洛阳

武德三年（620）七月初一，秦琼随李世民大军从长安出发，出潼关，沿黄河东进，奔赴洛阳。七月二十一，秦琼随李世民到达洛阳西部的新安县。

面对来势汹汹的唐军，王世充严阵以待。他不信任外人，尽量安排自己的亲族守卫城关，遣魏王弘烈镇襄阳、荆王行本镇虎牢、宋王泰镇怀州。在洛阳防区，王世充命齐王世恽检校南城、楚王世伟守宝城、太子玄应守东城、汉王玄恕守含嘉城、鲁王道徇守曜仪城。王世充统率全军，任命左辅大将军杨公卿统左龙骧二十八府骑兵，右游击大将军郭善才统内军二十八府步兵，左游击大将军跋野纲统外军二十八府步兵。虽号称八十四路府兵，实际上总共也就三万余人。

七月二十八日，唐军以罗士信为前锋，围攻慈涧（今河南省新安县东磁河）。王世充趁唐军立足未稳，亲自领兵三万来救慈涧，准备首战就给唐军一个迎头痛击。从新安到慈涧完全夹在崤山涧水之中，非常险要，唐军寡不敌众，"被围数里，进退阻绝"。王世充的部队与亲赴前线侦察敌情的李世民不期而遇，李世民用轻骑兵引逗他，因众寡不敌陷入重围，被王世充麾下勇将单雄信"数百骑夹道来逼，交枪竞进"。李世民几乎被活捉，在秦琼等人的拼死护卫下，逐渐扭转战局，并俘虏了王世充的大将燕颀，郑军才慢慢退去。由于作战激烈，尘埃覆面，秦琼护卫李世民等人在回营时已面目全非，以至于"见者不能识，军中自相抗拒"。最后，不只是秦琼，就连李世民也不得已解甲示众，守卫才得以辨识，把他们放进营去。次日，憋了一肚子火的李世民亲率步骑五万进军慈涧，吓得王世充撤掉慈涧的守军退回了洛阳。

秦琼随李世民移营到慈涧。此后两月中，唐军中军主力、黄君汉部、史万宝部三路兵马先后控制了洛阳西、北、南三个方向，呈现对洛阳的包围态势。唐右武卫将军王君廓抓住王世充的防守漏洞，攻克了天险辕辕关，控制了洛阳盆地通往豫东平原地带的要塞。此后，豫东平原上王世充控制的州县、城堡开始大面积投降，杞州、夏州、陈州、洧

王世充调兵遣将

州、许州、颍州、尉州、濮州相继降唐。

九月，秦琼随李世民大营从慈涧移到了孝水堡，大军连营屯于北邙山上，进一步对洛阳形成压迫之势。李世民率军作战时很喜欢亲自前往勘察地形、探查敌情，这一次也不例外。李世民再次组建起精锐骑兵玄甲军，分别由秦琼、程知节、尉迟恭、翟长孙统领，他每次外出侦查都是带领这支队伍。有一次，秦琼、尉迟恭护卫着李世民率五百骑兵侦察战地，好巧不巧地迎面就遇上了王世充带领万余人马前来袭营。两军交战，五百人对战一万人其艰难自不必说，尉迟恭将单雄信横刺坠马，秦琼则掩护李世民突出重围。行台仆射屈突通得到消息，率领大军前来增援，李世民和众将一起杀回去，大破郑军。唐军擒获郑军将领陈智略，俘虏排槊兵六千人，王世充率少量人马逃脱。李世民这种"战略上谨慎，战术上大胆"的做法，恰是因为身边有了像秦琼、尉迟恭这样一些武力超群的将领才生出底气来。此战过后，筠州、荥州、汴州、洧州、豫州等州相继来归降。唐军还控制了通济渠，彻底断绝了王世充通过漕运向洛阳增粮增兵的可能。

洛阳所在的洛阳盆地，与中原的物资交流的主干道是黄河，通济渠和永济渠源源不断地把河南和河北的资源给输送过来。这也就意味着一旦河阳和虎牢这两个关键点被断，洛阳盆地和王世充新开疆拓土的那些土地就失去联系了。唐军西线的秦王主力已在北邙山连营数月，但偃师、巩义和洛口都还没有拿下。东线的李世勣部虽然已经打到了虎牢关脚下的荥阳，但是从东边直接打进虎牢关非常困难。此种情势下，洛阳盆地依旧可以通过东北部的虎牢关与黄河北岸的河阳、怀州一带取得联系。随后不久，王世充的儿子王玄应"将兵数千人，自虎牢关运粮入洛阳",被李君羡半路截杀,为洛阳运粮的三十余艘米船也被击沉于辘轳关附近的缑氏镇。

武德四年(621)二月,王世充部将刘元气以青城宫(位于今河南省洛阳市孟津区横水镇古县村)降唐,唐军进一步包围洛阳。对于河南战场来说,只要攻克洛阳,王世充治下的州县就会望风而降。二月十三日,秦琼护卫李世民移营青城宫,王世充趁唐军壁垒未立自洛阳西门方诸门而出,凭借故马坊的沟堑布阵以拒唐军,这已经是王世充第三次趁着唐军移营突然进攻了。唐将屈突通带五千人先行渡过谷水迎战,与王世充交战后就举起了狼烟。看到前方的烟火,趁着王世充的注意力全部放在正面,李世民绕到王世充背后,立即率领秦琼等主力冲锋,围攻王世充,骑兵从北邙山居高而下冲其侧翼。交战后,李世民与屈突通表里合势,杀伤甚众。然而由于战地险隘、沟堑纵横,李世民在混战之中与部队失散,坐骑也被射死。危难之际,唯一跟上李世民的将军丘行恭将坐骑让给李世民,自己下马执刀步战,掩护李世民突出重围。王世充支撑不住开始撤退,秦琼随李世民乘胜追击,俘斩七千人。这一仗没能消灭王世充的主力,但唐军从此进营城下,掘堑筑垒,将洛阳城牢牢封锁起来,双方进入长时间的围城战。

在洛阳城下,秦琼再次展现出他异于常人的勇猛。当看到敌阵中有骁将耀武扬威的时候,李世民都会让秦琼去击杀。秦琼每次都能跃马挺枪,直冲敌阵,然后在万军丛中刺死目标,敌军也不敢阻挡。就因为这个本领,李世民特别器重秦琼,而秦琼也引以为傲。秦琼所执铁枪非常大,围攻洛阳城时,为了挑衅敌军,秦琼纵马将铁枪投掷在城门前,郑军数十人也不能将其拔出来。秦琼复纵马而回,将铁枪拔出来再返回唐军阵营。后来，唐朝官员吕温在《凌烟阁勋臣颂》一文的序言中称赞秦琼的勇猛："刚毅木讷，气镇三军，力崩大敌，匹马孤剑，为王前驱，此则吴汉之朴忠，贾复之雄勇也。"

洛阳城是隋朝修建的都城，加上王世充在这里经营多年，所以城防非常坚固。城中防御十分严密，大炮可以射五十斤重的石头，投出二百步远；有八个弓的弩，箭杆像车辐，箭镞如同巨斧，可以射五百步远。唐军四面攻城，昼夜不停，一连奋战了十几天仍没有任何进展。强攻不成，唐军在洛阳城外挖下堑壕，断绝了王世充的一切对外交通。洛阳城内粮食断绝，百姓把草根树叶都吃光了，就只能往泥里掺米糠充饥，城里到处都是饿死的人。当初皇泰主迁百姓入宫城时，有三万家，到这时不足三千家。就是地位高贵的公卿，这时也连粗糠都吃不饱。王世充勉力坚守，苦苦等待着窦建德的援军。

早在洛阳被包围前，王世充就知道自己很难抵抗唐军，于是派出使者向控制着河北诸郡的夏王窦建德求援。窦建德，贝州漳南县（今山东省武城县）人，世代务农。大业七年（611），窦建德率部起义，投奔高士达。高士达战死后，窦建德自称将军，拥兵十余万。此后，窦建德自称长乐王，占据河北地区的广大郡县。武德元年（618），窦建德自称夏王，改元五凤。本来窦建德与王

王世充遣使向窦建德求援

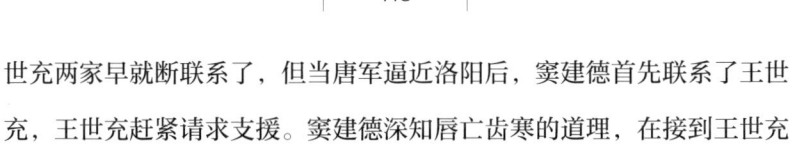

世充两家早就断联系了，但当唐军逼近洛阳后，窦建德首先联系了王世充，王世充赶紧请求支援。窦建德深知唇亡齿寒的道理，在接到王世充求援的消息后立刻出兵。

于是，还在参与围攻洛阳的秦琼听到了这样一个重磅消息：窦建德带领十余万大军到达了虎牢关外，唐军腹背受敌。

虎牢之战

秦琼在河南郡的这半年，唐军已将洛阳的前沿阵地与河东地区联结了起来，王世充的势力被彻底压回洛阳盆地之内。虎牢关东侧的荥阳、南侧的嵩山、北边的怀州、西边的洛口，陆续被唐军占领。武德四年（621）二月三十日，郑军虎牢关守将、郑州司兵沈悦向东边荥阳的唐军守将李世勣请降，李世勣与西边洛口的王君廓趁夜引兵夹击，在沈悦的内应之下自水门入虎牢关，擒获荆王行本及其长史戴胄，占据了虎牢关隘。

刚占据虎牢关的唐军面对关外窦建德的大军，内部产生了分歧。包括秦琼在内的一派将领主张围城打援，继续围困洛阳的同时分兵迎战窦建德。萧瑀、屈突通、封德彝等另一派则认为唐军疲惫不堪，洛阳城又久攻不下，为避免两面受敌不如暂时退兵。李世民对众人说，虎牢地势险要，窦建德刚刚打败了孟海公，士卒疲惫。若他现在冒险决战，我们很容易取胜。如果他犹豫不决，不敢交战，那过不了十天半个月，王世充肯定也就坚持不住了。最终，李世民决定两面作战，将军队分为两部分，由屈突通等人辅助齐王李元吉围困洛阳，李世民率领三千五百名

秦 琼

窦建德

骁勇向东赴虎牢。秦琼随李世民自洛阳前线出发，过北邙，至河阳，取道巩县而去。

武德四年（621）三月二十五日，秦琼到达洛阳东边门户和重要关隘——虎牢关。秦琼对虎牢关并不陌生，当年大海寺之战后，秦琼曾逃往虎牢关投奔裴仁基。那时他还是隋军将领，此时却已经是唐军。

第二日，喜欢冒险的李世民再次亲自充当斥候，带领秦琼、李世勣、程知节等将领及五百骁骑，到武牢城东二十多里处观察窦建德营地。沿途又分别留下随行的骑兵，让秦琼等将领分别统领，埋伏在路旁。最后，李世民只带尉迟恭和三名骑兵同行。秦琼等人劝他不要只身前往敌营，李世民表示不用担心，一有危险就立马撤回来。在离窦建德营地三里处，李世民等与窦建德的游兵相遇。李世民不仅没有立刻逃走，反而大喊"我是秦王"，并拉弓射箭射死对方一员将领。窦建德军中大为惊慌，出动五六千骑兵前来应战。李世民这才掉马返回，并故意放慢速度，吸引对方来追。最终，李世民将数千追兵引入了预先布置的埋伏圈。秦琼等人顾不得担心李世民的安危，急忙奋力战斗，最终大败追兵，斩首三百多级，俘获窦建德的将领殷秋、石瓒。经此一战，秦琼再次被李世民的军事指挥能力和胆识所折服。

唐军坚守虎牢关时，窦建德大军与秦琼等唐军将领交战数次，均未占到便宜。《说唐演义全传》曾杜撰出秦琼与窦建德战斗的场景：秦琼提枪上马，跑到阵前叫阵。窦建德闻报，领了苏定方、梁廷方、杜明方、蔡建方四将出营，横刀立马于阵前。秦琼用话激怒了窦建德，窦建德大怒，命四将齐出。秦琼大战四将，全无惧怯。窦建德见难以取胜，也提刀来助阵。战了三十余合，秦琼大喝一声，把杜明方刺落马下。窦建德举刀砍向秦琼，秦琼一锏挡开，一锏正中窦建德肩膀。蔡建方举锤打向秦琼，秦琼挡开后，一枪正中蔡建方咽喉，蔡建方跌下马去。只有梁、苏二人，保护窦建德回营。

历史中，夏军被绊在虎牢关整整一个月不得进，人困马乏，士气衰退。四月三十，唐将王君廓率轻骑千余又抄了窦建德的粮道，俘其大将军张青特。夏军谋士凌敬建议窦建德放弃虎牢，去攻击空虚的关中，这样李世民肯定会退兵。窦建德身边有很多人收了王世充的好处，则劝谏

虎牢关北为黄河，东为汜水，山河交错，自成天险

窦建德不要放弃洛阳。窦建德也觉得自己要是不救洛阳，就会失信，搞不好还让人嘲笑，于是拒绝了凌敬的建议，决定与唐军决一死战。

在两军继续相持的过程中，唐军探得一个消息：窦建德探听到唐军草料用完，准备趁唐军在黄河以北牧马时袭击虎牢关。李世民知道后决定将计就计，进一步误导窦建德的判断。五月初一，秦琼护卫着李世民北渡黄河侦察敌情，并在河中沙洲留下千余匹战马放牧以引诱窦建德。当晚，秦琼返回了虎牢关。次日，上当的窦建德倾巢而出，从板渚出牛口渚（北牛口峪）列战阵，北据黄河，连绵二十里擂鼓前进。窦建德军阵一直逼近汜水，随后列成了绵延数里的长阵，鼓噪喧闹，准备和唐军决一死战。望着汜水东岸乌压压的一片人，秦琼跃跃欲试，第一时间请战。而虎牢关上大多数将领则有些慌张，面对几万敌人，虎牢关这几千人很难取胜。

窦建德遣三百骑人马先渡过汜水，在距虎牢关一里外叫阵。唐将王君廓率两百长槊骑兵应战，一番交战却没分出胜负，各自回营。李世民命令诸将坚守阵地，不许擅自出战，自己则率秦琼等几人登山眺望敌军阵地。时至中午，夏军已饥渴不堪，士兵大多坐在地上休息，也有跑到河边喝水的。李世民觉得时机已经成熟，命令大将宇文士及带三百骑兵从窦建德军阵西边向南跑，以作试探。发现窦建德的军队毫无准备，唐军主力立即出动。秦琼等将领率轻骑出发，向东涉过汜水直扑敌阵。秦琼率军冲锋，"以精骑数十先陷其阵"，如尖刀般扎入敌阵。

唐军突袭时，窦建德正在和群臣议事，所以前线没有指挥的将领，军队立刻乱作一团。夏军骑兵仓促迎敌，众将官慌忙中各自归队。等到准备好，唐军已经杀到阵前。窦建德窘迫地从平原撤至东面山坡抵抗，唐左领左右府大将军窦抗带兵冲阵，来回冲了四五个回合才彻底击破军阵。秦琼、程知节、史大奈、宇文歆等骁将一次次冲入敌阵，一直杀到了敌军阵地后方，并将唐军军旗扬了起来，令窦军误以为己方已败。至此，窦建德大军心理终于崩溃。夏军开始全军溃散，秦琼随李世民狂追夏军三十里，斩杀三千多人。

窦建德败兵汜水

乱军之战，窦建德中槊，身边卫队也被冲散，自己逃到牛口渚藏了起来，最终被活捉。失去主帅的夏军放弃了抵抗，向唐军投降，共俘虏了五万人。当时，虎牢关有数千守军，李世民带来的骑兵精锐也只有三千余人，且还要转回攻打洛阳，这些俘虏对唐军来说是非常大的负担。唐军此时没能力收编这五万大军，便迅速遣散俘虏，命其各归家乡。

再入洛阳

虎牢之战后，窦建德妻曹氏与左仆射齐善行率数百骑逃回。齐善行做主，遣散夏军，并部署士兵把守街市坊巷，将仓库中几十万缎帛运到万春宫东分发给将士，发了三天三夜，避免了败军劫掠百姓。完成裁军后，齐善行和夏国仆射裴矩、行台曹旦率百官，奉传国八玺和洺州、相州、魏州等州土地向唐请降。经此一役，唐军的战略意图已经达到。秦琼随即返回洛阳城外，继续参与围攻王世充的战斗。

秦琼押送窦建德等夏军首领来到洛阳城下，站在洛阳城头观望的王世充心中五味杂陈。期盼已久的盟友窦建德终于来到了洛阳，不过是乘坐唐军的囚车而来。王世充召集诸将商议，打算突围南去襄阳，结果众将均无心再战，甚至劝王世充不要再与唐军继续对抗了。看着围城的唐军，不可一世的王世充终于还是放弃了抵抗。

武德四年（621），王世充身着白衣，率郑国太子、百官及军士共两千多人步行来到唐军营门前投降。秦琼再次看到了昔日的主公王世充，只不过这次他昂首站立在帐中，王世充趴在地上汗流浃背，只顾着给李世民叩头谢罪。五月初十，秦琼随李世民进入了洛阳城。这次入城，他是作为胜利者、带着满身战功回来的。

王世充献城投降

进入洛阳后，李世民令萧瑀、窦轨等人封存守卫府库，宫城中被囚禁者全部释放。李渊听说此次大捷后，派遣尚书左仆射裴寂到军中慰劳。同时，李世民将王世充手下罪尤大者的段达、王隆、崔洪丹、薛德音、杨汪、孟孝义、单雄信、杨公卿、郭什柱、郭士衡、董睿、张童儿、王德仁、朱粲、郭善才等十余人斩杀于洛水畔。

单雄信英勇善战,在战场上所向披靡,本应收在秦王帐下,但他在洛阳之战中多次险些夺去李世民性命,加之狡猾多变,难以掌控,李世民决议杀之。单雄信是瓦岗军翟让的老部下,秦琼是隋将张须陀手下大将,后来两人同归李密帐下,旋即又各归其主,二人做敌人的时间要更多一些。所以面对单雄信被处死的命运,秦琼未有怜惜之意。但在民间传说中,秦琼与单雄信的关系非常好,单雄信对秦琼多番照拂。讲史小说《说唐演义全传》中,在单雄信被擒拿时,秦琼被调到了红桃山招安侯君达。听闻单雄信被擒,秦琼飞马前去救人,但到时单雄信已经人头落地。秦琼抱着单雄信的首级痛哭道:"我那雄信兄呀,我秦琼受你大恩,不曾报得。今日不能救你,真乃忘恩负义,日后九泉之下,怎好见你?"随后跪在地上大哭不止。众将劝了半日,他方才止住了哭泣。单雄信的妻子拔剑自刎而死,秦琼将单雄信夫妻合葬,并建了一座报恩祠,以报答单雄信昔日之恩。

这年六月,秦琼随大军启程班师,并于七月初九回到了阔别已久的长安。七月十一日,夏王窦建德被斩首于长安街市中,时年四十九岁。伪郑皇帝王世充因投降献城而被赦免,但随后被仇家唐定州刺史独孤修德派人杀死。在讲史小说《说唐演义全传》中,王世充、窦建德均是被秦琼谋杀的:唐军抓获洛阳王王世充、夏明王窦建德、宋义王孟海公、南阳王朱灿、白玉王高谈圣后,徐茂公给秦琼出主意道:"我有锦囊一封,速将五王解往长安,路上须要照锦囊行事,违令者斩。"秦琼听了徐茂公的话,对五位反王下了毒手:"是夜五王宿在驿中,叔宝暗令军士四围堆满干柴,候至黄昏时分,令军士四面放火,一霎时火光腾空,可怜五王数载英雄,今日绝于此地。烧了半夜,把五王性命结果了。"

秦琼

武德四年（621）十月，李渊加李世民天策上将封号、陕东道大行台，位在王公之上。平定王世充后，李唐设置陕东道大行台，治所设在洛阳，其辖区主要是太行以东、淮河以北地区的总管府、诸州县。大行台统揽民政与军事，机构设置与中央的尚书台几乎一样，最高长官为尚书令，下面也设左右仆射、左右丞、六部尚书等官职，可由李世民自行任免。

秦琼平定河南有功，被封爵为翼国公（比从一品），赐黄金百斤、帛七千段。"翼国"是周朝的周王族诸侯国，周初被周天子封为侯爵，姬姓晋氏，首任国君唐叔虞为周武王姬发之子、周成王姬诵之弟。翼国的国号初为"唐"，唐叔虞之子燮即位后改为晋，春秋时期，晋国迁都于翼，故亦称"翼国"。李渊最初袭封唐国公，起兵于晋州，翼国对于李唐有特殊的含义。秦琼被封为翼国公，足见其功勋之卓越，更可见李渊对秦琼的重视和欣赏。

另一边，窦建德败亡后，唐朝占据了整个河朔地区。由于曾经窦建德势力强大，他在黄河北的地盘仍然存在，李渊就任命太子左庶子郑善果为山东道抚慰大使，安抚河北，招降窦建德旧部。后在唐朝淮安王李神通的努力下，招降了原窦建德控制的三十余州，大夏政权旧地悉数平定。然而，窦建德在河北地区深得人心，"能致人之死力"，窦建德被害后仍有大夏政权旧臣和部下在民间活动。随着窦建德旧部与唐朝地方官员的矛盾日趋激烈，最终出现了反叛。

武德四年（621）七月，范愿、董康买、曹湛及高雅贤等窦建德旧将决定打出为窦建德报仇的旗号，起兵反唐。但此时群龙无首，他们决定推举一人主持大计。经过一番挑选，最终推举刘黑闼作为首领。刘黑闼是贝州漳南（今河北省故城县）人，与同乡窦建德是儿时好友。他于隋末参加郝孝德起义军，后投瓦岗军，成为李密的偏将。瓦岗军失败后，刘黑闼为王世充所俘。刘黑闼看不起王世充，不久率部逃回河北，投奔窦建德。窦建德任命刘黑闼为将军，封汉东郡公，并命他率兵征战四方。夏政权灭亡后，刘黑闼躲藏在漳南老家闭门不出，种菜自给。范愿等人亲赴漳南，推他为首，收拾余部再起。旋即招得百十号人，袭破漳南县城，击败贝州刺史戴元详、魏州刺史权威，俘虏两千余众。七月十九日，刘黑闼在贝州漳南设坛，祭奠窦建德，自称大将军，正式大举起兵。起兵的消息散播开后，很多投降唐朝的窦建德旧部也纷纷响应刘黑闼的号召，他们快速占领河北、山东等地，并和另一方割据势力徐圆朗结成同盟。刘黑闼的大军迅速攻占河北诸州县，只用了半年便收复了窦建德故地。

此时，秦琼已休整了近半年的时间，听闻河北的不利局势，他知道自己又该披甲上阵了。武德四年（621）十二月十五日，秦琼随李世民领军出发，向东奔赴河北而去。

平定河北

河北叛乱后，李渊出于制衡李世民的考虑，迟迟不让李世民前往，而是相继派李神通、李世勣与刘黑闼对战，结果均被击败。刘黑闼迅速收复窦建德故地，并与各处反唐势力结合，声势浩大。刘黑闼政权的西北是突厥，突厥颉利可汗派出俟斤宋耶那，率领突厥骑兵配合刘黑闼行动。刘黑闼政权的北面是地方割据势力高开道，高开道配合刘黑闼行

秦琼

动,引突厥入侵恒州、定州、幽州、易州,在一定程度上牵制了唐朝幽州总管罗艺的兵力。刘黑闼政权的南面是地方割据势力徐圆朗,他与刘黑闼互相呼应,一同反击唐朝的攻击。到武德四年(621)十一月时,唐朝在河北的统治开始土崩瓦解。

秦琼收到启程东征的命令时,刘黑闼已击溃唐军大总管李世勣,洺州(今河北省邯郸市永年区)土豪开城门投降,刘黑闼兵不血刃拿下了洺州。一方面,洺州是过去大夏国的都城,攻占洺州对窦建德旧部来说有重要的政治意义。另一方面,洺州是唐朝在河北的统治中心,是河北道行台的驻地,失去了洺州意味着唐朝彻底失去了对河北的控制。

武德五年(622)正月,刘黑闼在相州自称汉东王,定都洺州,效仿窦建德时期的官职,在河北地区建立起了新的政权。与此同时,秦琼随李世民率军进至怀州获嘉县,杀到了河北境内。此时,唐军在河北的军队有五万余人,其中秦王府下辖的精锐部队约有两万人;刘黑闼可动用的总兵力约为五万至六万人,其中的精锐部队约有两万至三万人,两军势均力敌。

刘黑闼为避免南北两线作战的局面,开始收缩战线,放弃南线的一部分土地,同时集中主力迅速北上消灭罗艺主力。为阻止刘黑闼北上,唐军带着几十面大鼓,趁夜色潜入洺州城西二里的河堤急速击

刘黑闼自立为王

鼓。刘黑闼以为唐军主力杀了过来，便退至邺县以东三十里的地方，与赶来的唐军对峙。对峙期间，双方主力没有交战。见唐军不主动攻击，刘黑闼每天都派精兵悍将前去阵前挑战，每回都被秦琼等将领给打回来。刘黑闼摸不清唐军的实力，最终退兵而回。

这年二月初，洺水县李去惑等人脱离刘黑闼，派人联系唐军请求支援。洺水县位于洺州州城以东，是连接刘黑闼洺州主力与贝州、冀州、瀛州、沧州等后方的重要据点，位于刘黑闼的运粮通道上。如果唐军能够控制洺水县，无疑相当于在刘黑闼的运粮通道上钉了一根钉子，刘黑闼主力困守洺州必不能持久。为此，唐军立即派出王君廓率领一千五百名骑兵，快速增援洺水县城。听闻刘黑闼率主力准备围攻洺水县城时，李世民又急忙命秦琼率五千骑兵前往截杀。

二月十一日，刘黑闼率军行至列人县城西时，遭到了秦琼所率骑兵的突然袭击。面对唐军骑兵的进攻，刘黑闼处变不惊，率部应战。秦琼归唐后一直是作为先锋将领出战，这是第一次独立指挥大规模战斗。面对多于唐军数倍的敌人，作为战场的指挥者，秦琼不再以一己之勇只顾拼杀，而是谋划如何实现重创敌军的战略意图。秦琼与刘黑闼对战，在经过几番厮杀后，秦琼佯败，且战且退，把刘黑闼吸引到预定的伏击战场。埋伏在漳水附近的唐军伏兵突然杀出，从侧翼拦腰横击刘黑闼的军阵。秦琼率军一直杀到天黑，在伏兵的横击下，刘黑闼终于坚持不住，大败而走。

秦琼指挥的这次战斗，是李世民部与刘黑闼主力发生的第一次正面对战，也是自刘黑闼起兵后半年多的时间里，唐军在与刘黑闼主力作战的过程中取得的第一次重大胜利。

秦 琼

秦琼对阵杀敌

刘黑闼虽然被击败，但主力尚存。刘黑闼急于夺回洺水城，在列人县战败的当夜，就率领疲惫的军队赶到并包围了洺水县城。当时洺水的城池并不坚固，但非常适合防守：县城的四面都有河面宽五十步以上的河流，只有南、北两个城门。刘黑闼在城东扎营，最后在洺水城的南北两门掘壕沟、竖栅栏，防止王君廓突围。围困布置妥当后，刘黑闼才开始攻城。

此时，秦琼统帅的骑兵简单修整后，与李世民带来的后续部队合兵一处，开始向洺水城靠拢。刘黑闼派出部队置阵防守，阻挡唐军靠近，同时加紧攻城，双方打得非常激烈。秦琼多次领兵进攻敌军军阵，但均未能实现突破。经过多日的苦战，洺水城的争夺进入了白热化阶段。刘黑闼不分昼夜地猛攻洺水城，秦琼等唐军则在外围奋力向刘黑闼进攻，而洺水城内的守军已是强弩之末。为了守住洺水，罗士信带两百人趁势突入城中，代替王君廓守城。虽然李世民距离洺水城越来越近，但突降大雪，导致秦琼等外围的唐军进攻受阻。罗士信率部死守了八天，直到二月二十五日，城中唐军木石俱尽、矢尽刀折，洺水城最终陷落。城破之后，罗士信被身边的部下抓住交给了刘黑闼，旋即被杀害。秦琼与罗士信曾长期随张须陀征战，且二人同为历城人，关系非常亲近。听闻罗士信战死的消息，秦琼悲痛万分，杀敌更加勇猛。

洺水之战并没有因为城破而结束。刘黑闼刚进入洺水城，秦琼等便迅速率军跟进，将敌人堵在了城中。刘黑闼的部队也已经到了极限，在唐军持续进攻下，仅坚持了四天，便于二月二十九日被迫放弃洺水城。唐军最终拿下了洺水县城，刘黑闼的粮道受到严重威胁。

罗士信对战刘黑闼

此后，唐军趁热打铁，派兵切断刘黑闼的粮道，迫使刘黑闼出兵决战。这年三月开始，秦琼跟随李世民、罗艺在洺州与刘黑闼主力进行对峙。双方对峙的过程中，唐军与刘黑闼发生了几次交战，秦琼率军进行了数次袭击，互有胜负。到三月下旬，在近一个月的对峙后，刘黑闼军中的粮草消耗殆尽，准备与唐军决战。

三月二十六日，刘黑闼率领全部兵马步骑两万人，南渡洺水，逼近唐军军营。秦琼等将领率部分轻骑兵正面迎战。趁双方激战时，李世民亲率精锐骑兵侧冲进攻刘黑闼的骑兵，从而将刘黑闼的骑兵一举击破，然后乘胜进攻刘黑闼的步兵。这场数万人的对决，从中午一直打到黄昏，双方交战多个回合，刘黑闼的大军逐渐支撑不住了。眼见大势已去，刘黑闼带着部分高级将领及少数精锐骑兵临阵脱逃。此时，在洺水上游守堤坝的唐军开闸放水，河水汹涌而来，水深一丈有余，彻底斩断了刘黑闼所部的退路。这一战中，秦琼打得非常辛苦，几近脱力。最终，刘黑闼所部被斩首一万多级，另有数千人在洺水淹死。至此，洺水之战以唐军完胜而告结束。

刘黑闼主力在洺水之战中被全歼，刘黑闼率千余人北逃突厥，河北诸郡再无力抵抗唐军，全境投降。此后，秦琼率军留在河北继续协助征讨地方割据势力徐圆朗。此人是地道的农民出身。隋炀帝时民不聊生，他拉起义旗，以瑕丘为据点，东攻琅琊郡（今山东省临沂市），西攻东平郡（今山东省菏泽市郓城县）。饥民们纷纷响应，队伍很快就发展到两万人，占有了大片土地。徐曾率部加入过瓦岗军，降于王世充、归顺于窦建德，并两次降唐，被封为兖州总管、鲁郡公。刘黑闼等人在漳南起兵反唐后，他立即起兵响应刘黑闼。刘黑闼封其为大行台元帅，徐则自称鲁王，率军活动于兖州一带。

武德五年（622）四月底至七月初，秦琼一直随李世民进攻这股河北割据势力。七月初六，秦琼正在战局之中，李世民却突然接到李渊的命令班师回朝。秦琼随李世民回到长安后，李渊大宴并赏赐唐军将士。秦琼勋、爵均已高无可封，只被赐杂彩千段。

第七章

国之元臣：
功成国定真英雄

秦 琼

武德九年（626），秦琼在长安陷入一场你死我活的政治旋涡中。这年夏天，突厥人大举入侵。太子李建成、齐王李元吉借机征调秦琼等秦王府的将领一同出征，打算瓦解李世民所掌握的武装力量。不仅如此，李建成、李元吉还筹划了击杀李世民及秦琼等将领的兵变计划，以彻底解除李世民对皇位继承权的威胁。

李世民先发制人，在长安太极宫发动政变，诛杀李建成、李元吉。在这场政变中，秦琼的主要任务是阻挡玄武门外的两千御林军。政变取得胜利后，李世民被立为太子，并于两个月后登基称帝，开启了"贞观之治"。事后，秦琼拜左武卫大将军，食实封七百户。贞观十二年（638），秦琼病逝，被追赠为徐州都督。五年后，秦琼的画像被挂入凌烟阁，供后人景仰。

政治漩涡

唐朝初年，突厥多次攻扰唐边，秦琼在与突厥的冲突中并没有特别的表现。

武德五年（622）八月，突厥颉利可汗开始对唐朝发动大规模入侵，突厥主力横冲直撞，自雁门南下，攻并州，经介休，穿过雀鼠谷，打到了晋州，几乎打穿了河东地区。秦琼随李世民出蒲州道，阻挡住突厥继续南下的步伐。武德六年（623），颉利可汗连同刘黑闼、苑君璋等人骚扰定州、匡州、原州、朔州，与唐朝守将交战，双方互有胜负。秦琼随李世民屯守并州，防备突厥入侵。武德七年（624）八月，颉利可汗与突利可汗举国入寇唐朝，自原州南下，秦琼随李世民前往讨伐，在五陇坂计退突厥大军。武德八年（625）六月，颉利可汗侵略灵州、朔州，秦琼随李世民兵驻蒲州道。

此前，秦琼在平定河北的战斗中多次受重伤，身体难以恢复如初，昔日"秦王府第一悍将"的名号已让渡给尉迟恭。在随后的数年中，秦琼虽多次随李世民屯兵、征战，但主要负责秦王府军队的管理，很少再披甲杀敌。所以自武德五年（622）七月后，秦琼没有再立下新的战功。直到武德九年（626），一场名垂史册的政治博弈却为秦琼带来了功劳。

秦琼随李世民迎战突厥大军

唐高祖李渊的太穆皇后窦氏只生了四个儿子，分别是李建成、李世民、李玄霸、李元吉。李玄霸早亡，李渊的嫡子只有李建成、李世民和李元吉三人。李渊晚年宠幸的嫔妃很多，生了滕王李元婴等近二十位小皇子，但均没有资格和能力继承皇位。李建成是李渊的长子，李渊为唐王时李建成就是唐王世子，李渊称帝后立李建成为皇太子。秦王李世民及其僚属在唐朝建立和统一的战争中建立功勋，握有重权，为李建成所忌惮。自武德初年开始，李世民与李建成两大集团就开始了明争暗斗。作为皇帝和父亲的李渊一直采取安抚和平衡的策略，既在军事上充分倚重李世民，又维护李建成太子地位的稳固。武德后期，李建成等人诬陷李世民篡夺帝位，李渊也产生了顾虑，开始有意打压李世民。

秦琼

唐太祖李渊

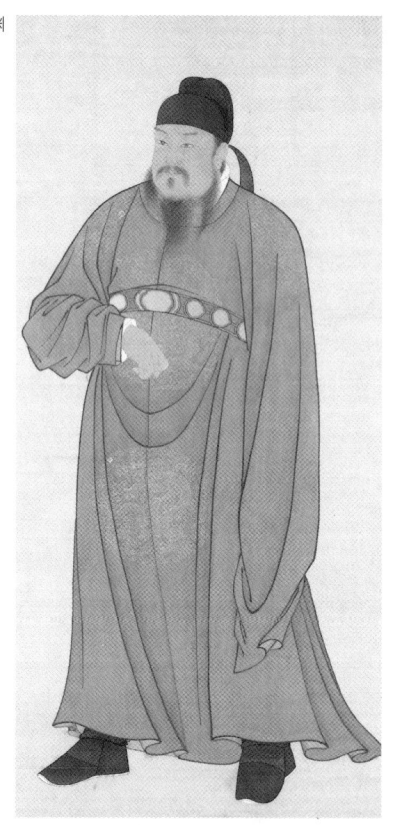

秦琼此时已是翼国公、上柱国，手中的六十五顷永业田每年可得一万三千斗粮食，在长安和洛阳各有一处府邸。凭着功绩他只需要过富家翁的生活就好。秦琼不擅长政治，只有最简单的忠诚概念，身为秦王府右三统军的他不得不与秦王府站在一起。然而，秦王府的对立面是太子及背后支持东宫的皇帝，这也是秦琼要忠于的人。秦琼没有反心，不知该倾向哪边，所以在这些事上只能保持缄默，从不发表意见，同时多次拒绝了来自李建成、李元吉方面的拉拢。

据记载，武德九年（626）五月，太白昼见。六月初一，太白经天。太白，就是金星。金星的运行轨道位于地球运行轨道的内侧，从地球上看，金星大致随着太阳一起升起，再随着太阳一起落下。由于太阳光芒的遮盖，白天用肉眼很难看到金星。古人一般把在白天看到金星，称为"太白昼见"，如果白天在午位（正南方）看到金星，则称之为"太白经天"。在古人看来，金星象征兵戈战乱，白天出现金星更是不祥之兆，于国不利。李淳风的《乙巳占》记载了很多种对于"太白经天"的解读，其中一种是："太白昼见，亦为大秦国强，各以其宿占，其国有兵。"很多大臣认为太白经天

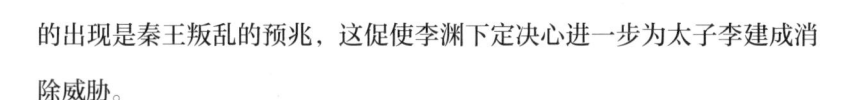

的出现是秦王叛乱的预兆，这促使李渊下定决心进一步为太子李建成消除威胁。

六月初一发生太白经天的当夜，李建成邀请李世民饮酒，席间用毒酒毒害他。喝了毒酒的李世民心脏痛楚，吐了几升血，被淮安王李神通搀扶着返回了西宫。李渊看出他们难以相容，但只是警告李建成不要在夜间饮酒，却劝说李世民不要再留在长安，让他返回行台，留居洛阳，管理陕州以东的广大地区。

其间，李建成、李元吉还联合李渊的嫔妃张婕妤、尹德妃诬陷李世民仗势欺人。李渊十分宠幸张、尹两人，不信任李世民的辩白。李元吉甚至向李渊请求暗中杀掉秦王李世民，但李渊没有答应。在这种紧张态势下，李世民派系的官员、将领也都人人自危，整日忧虑。行台考功郎中房玄龄、比部郎中长孙无忌、秦王府属官杜如晦、雍州治中高士廉、右候车骑将军侯君集等秦王府一派的官员，开始陆续劝说李世民诛杀李建成与李元吉。

武德九年（626）六月，突厥大将郁射设带领数万骑兵大举入侵，包围了唐朝的乌城（今位于陕西省榆林市定边县南）。按照惯例，对付突厥人的重任常常落在李世民的肩上。但这次李渊一改往常的做法，听从了李建成的建议，命李元吉代替李世民督率各军北征突厥。武德年间，唐王朝在军事上对李世民非常依赖，显赫战功使他在十二卫、十二军等军事系统中握有相当大的权力。秦王府下属护军府、亲事府、帐内府，其兵力虽比不上李建成东宫所属诸率府及李元吉齐王府的兵力，但由于长年征战，秦王府军队极富战争经验，统兵将领更皆是勇猛善战之辈，其战斗力远胜于东宫兵及齐王府兵。李元吉借势请求李渊，让秦琼、尉

秦 琼

李建成、李元吉密谋兵变

迟恭、程知节、段志玄等人与自己一同前往,并挑选秦王军中的精锐将士增强自己的军队力量。

李建成和李元吉暗中商议,利用这一机会制订了昆明池兵变计划,准备利用李世民去昆明池为李元吉饯行的机会杀掉李世民,然后将从秦王府调来的秦琼、尉迟恭等将领全部坑杀,彻底剪除李世民的羽翼。秦琼等秦王府将领是李世民的左膀右臂,为李建成、李元吉所忌惮。《旧唐书》列传第十四、第十八,《新唐书》列传第四、第十四、第十五,《资治通鉴》卷一百九十一,都提到了秦琼是李建成、李元吉所列死亡名单中的一员。在李建成的昆明池兵变计划中,秦琼列在必杀名单头一位:"引秦王府骁将秦叔宝、尉迟敬德、程知节、段志玄与行,……太子与元吉谋:'兵行,吾与秦王至昆明池,伏壮士拉之,以暴卒闻,上无不信。然后说帝付吾国,吾以尔为皇太弟,而尽击杀叔宝等。'"秦琼此时不知道钢刀已经架在了自己的脖子上,而李世民则已暗中得知消息,并下定决心要彻底解决这个威胁。

六月初三,金星再次在白天出现在天空正南方的午位。负责观察天象的太史令傅奕据此密奏李渊:太白出现在秦地分野,这预示着秦王当拥有天下。李渊传来李世民,将傅奕的密奏给他看,以此警告李世民。李世民在辩白之余,反而乘机上奏,告发李建成、李元吉淫乱后宫,意图谋害自己。李渊听后惊讶不已，表示明天就审议这件事。

面对山雨欲来的局面，一直隐忍退让的李世民默默地举起了手中的钢刀，秦琼被裹挟着踏入这场政治漩涡。

玄武门外

武德九年（626）六月初四，唐高祖李渊召集太子李建成、秦王李世民、齐王李元吉，以及裴寂、萧瑀、陈叔达、封德彝、裴矩等大臣在太极宫临湖殿议事，查验李世民所说的李建成、李元吉淫乱后宫这件事。见李世民已经将矛盾直接摆在了桌面上，李元吉担心李世民会撕破脸皮，便建议李建成称病不朝。李建成则认为京城防备严密，且东宫刚刚补充了两千多名长林卫兵，不怕李世民耍手段，便没有在意。二人一同从东宫出发，前往太极宫。

太极宫始建于隋文帝开皇二年（582），位于长安城中轴线正北部，最初称大兴宫，唐初改称太极宫。太极宫是一组富丽堂皇的宫殿建筑群，包括太极宫及东西两侧的东宫、掖庭宫。太极宫内划分为前朝和内廷两个部分：前朝以太极殿为中心，是皇

秦王李世民

帝听政视朝之处和举行重大政治活动的地方；内廷有两仪殿、甘露殿等殿院，是皇帝及后妃居住的生活区域。宫中有曲折的水渠连通东海、南海、西海、北海四池，东海池在玄武门之内，以龙首渠引浐水穿城入宫流注而成。其他三海池均在西北方向，由清明渠引潏水流入宫内分注而成。太极宫的东宫为太子李建成的居住之处，主要宫殿为显德殿。太极宫西侧为掖庭宫，是宫女居所和犯罪官僚家属中妇女的劳动之处，其北部为太仓，西南部为内侍省。

太极宫共开有十个城门：南面开有承天门、左永安门、右长乐门三个城门，城门南侧正对着皇城；西面开有嘉猷门、通明门，也是掖庭宫的东门；北面开有玄武门、安礼门，穿过城门就是西内苑；东面通向东宫只开有一个城门，名通训门，也就是东宫的西门。此外，东宫南北尚开有四个城门：南面三门为广运门、重明门、永春门，北面一门名玄德门。掖庭宫只开东西门，不开南北门。

最初，秦王李世民住在两仪殿西侧的承乾殿，齐王李元吉住在两仪殿东侧的武德殿。武德五年（622）以后，李世民搬出太极宫，住到宫城西北新建的弘义宫，距离太极宫的北门玄武门很近。玄武门地据龙首原高坡，北临西内苑，前俯宫城，为控制太极宫的制高点，可以迅速进入皇帝的居所——内廷。当时，守卫玄武门的禁军最高将领为常何，他曾跟随李建成征讨刘黑闼，因此被认为属于太子一党。李世民于武德九年（626）六月初三深夜悄然掌握了玄武门的控制权，既方便截杀李建成、李元吉，也为自己留了一条后路。

临湖殿地处太极宫内廷的西边，离李渊居住的甘露殿约两里路，其北为四海池之一的南海池。六月初四这天，李世民率长孙无忌、房玄

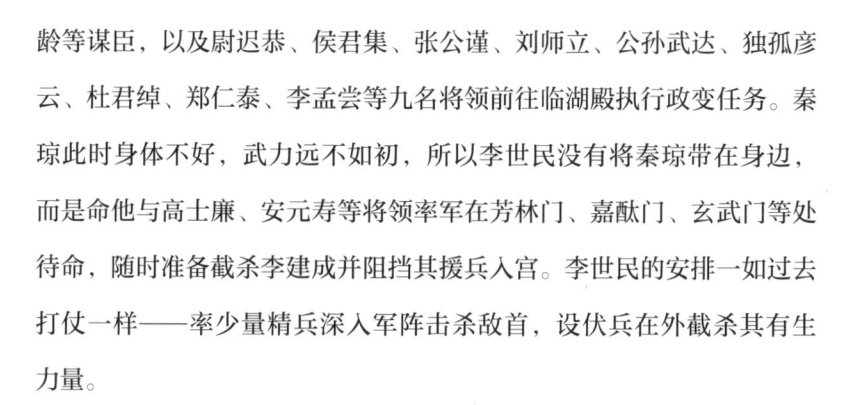

龄等谋臣,以及尉迟恭、侯君集、张公谨、刘师立、公孙武达、独孤彦云、杜君绰、郑仁泰、李孟尝等九名将领前往临湖殿执行政变任务。秦琼此时身体不好,武力远不如初,所以李世民没有将秦琼带在身边,而是命他与高士廉、安元寿等将领率军在芳林门、嘉猷门、玄武门等处待命,随时准备截杀李建成并阻挡其援兵入宫。李世民的安排一如过去打仗一样——率少量精兵深入军阵击杀敌首,设伏兵在外截杀其有生力量。

李建成、李元吉来到临湖殿附近时,机敏地察觉到宫中有反常举动,便立即掉转马头,准备先离开这里。李世民策马跟在后面呼唤,李元吉心虚,便先张弓搭箭射向李世民。由于心急,李元吉一连两三次都没有将弓拉满,射出去的箭也没有射中。李世民搭弓射箭,一箭射杀了李建成。尉迟恭带领七十余名骑兵相继赶到,李元吉中箭跌下马来。就在此时,李世民的坐骑受到了惊吓,奔入玄武门旁边的树林,李世民从马上摔下。李元吉迅速赶到,夺过弓来,准备勒死李世民,被赶来的尉迟恭喝止住。李元吉匆忙放开李世民,快步跑入宫中,准备寻求李渊的庇护,但被尉迟恭追上并射杀。

诛杀李元吉

清代的《说唐演义全传》则将在玄武门杀死李元吉的"功劳"

安插在了秦琼身上。该书第六十六回《天策府众将敲门 显德殿太宗御极》，杜撰了这一场景："后面元吉带了人马赶来，早有秦叔宝出来，大吼一声，举起双锏，把元吉打死。那侍卫兵将大怒，各各放箭，两边对射。"历史中，此时秦琼正带兵在太极宫外待命，还没有来到玄武门。

李建成的部下、东宫翊卫车骑将军冯立得知李建成、李元吉在临湖殿中了埋伏，便与齐王府副护军薛万彻、屈直府左车骑谢叔方率领东宫和齐王府的精锐兵马两千余人，疾驰赶到玄武门，准备杀入宫中。危急时刻，留守在玄武门的右武侯长史、秦王府幕僚张公谨及时关闭了城门，挡住冯立等人入宫。守卫在玄武门外的云麾将军敬君弘与内府中郎将吕世衡率领禁军突围，与东宫卫队展开激战，最终被东宫卫队所杀。把守玄武门的士兵与东宫卫队奋力交战，战斗持续了很久。薛万彻见状准备带齐王府的军队分军西进，直取李世民的住所弘义宫。危急时刻，秦琼、长孙顺德带领数百骑秦王府人马赶到，击杀东宫及齐王府的军队。随后又并提了李建成和李元吉的首级给薛万彻等人看，东宫和齐王府的人马顿失战心，迅速溃散。

明代的《隋史遗文》描绘秦琼的守卫地点在秦王府所在的弘义宫："冯、谢两人，又去攻秦府。又得秦叔宝拒住大杀。……两处听了，即时星散。这两个将官也逃了。"诸将领准备将李建成和李元吉的一百多名亲信全部诛杀，并将他们的家产没收官府，也是秦琼和尉迟恭一同劝说才得以阻止的。

在这场政变发生时，李渊正在临湖殿后的海池垂钓。尉迟恭身披铠甲，手握长矛，径直来到李渊所在的船上将其控制。得知李建成已死后，李渊只得顺势表示愿意封李世民为太子，并亲笔书写敕令，确认李建成和李元吉二人谋反的事实，但对其党羽不加追究，并命令各军一律接受秦王的处置。天策府司马宇文士及出宫宣布敕令，李渊又命黄门侍郎裴寂前往东宫开导诸将士，局面这才安定下来。

秦王李世民被册立为太子

政变之后，李建成的儿子安陆王李承道、河东王李承德、武安王李承训、汝南王李承明、钜鹿王李承义，李元吉的儿子梁郡王李承业、渔阳王李承鸾、普安王李承奖、江夏王李承裕、义阳王李承度等人均被杀，并除宗籍。

武德九年（626）六月初八，李渊正式册立秦王李世民为皇太子，又颁布诏书："即日起，凡政事，无论巨细悉委太子决断，后再报朕知即可。"八月初九，唐高祖李渊颁布制书禅位给太子李世民，李世民在东宫显德殿继位，并于次年改元为贞观，是为唐太宗。

功成身退

武德九年（626）七月初三，李世民调整十六卫府，秦琼被任命为左武卫大将军。

秦 琼

唐朝初年基本沿袭隋代禁军的卫府体制，在中央设十六卫府，卫既是卫戍京师禁卫军，又是统领天下府兵的领导机构。唐武德五年（622），在保留隋朝左右武卫府、左右监门府、左右候卫不变的基础上，改左右翊卫为左右卫府，左右骁骑卫为左右骁骑府，左右屯卫为左右威卫，左右御卫为左右领军卫，左右备身府为左右府。此后，十六卫的名称又有多次变化，直到唐玄宗开元时方大体上固定为左右卫、左右骁卫、左右武卫、左右威卫、左右领军卫、左右金吾卫、左右监门卫和左右千牛卫。

李世民当政后，一方面掌握着原秦王府的兵马，一方面接管全部中央宿卫机构，并对这些军事机构加以调整。作为李世民亲信的秦琼，被从秦王府诸军中抽调出来，与程知节和尉迟敬德一起掌握诸卫府兵。对于秦琼出任的职务，《旧唐书》《新唐书》中均记载为"左武卫大将军"。《资治通鉴》的记载则是"左卫大将军"。十六卫府中，包括"左武卫"在内的十二卫为府兵的领导机构，每卫设大将军一人，统领其事，品秩为正三品。同一级别下，左比右要高一点。左武卫宿卫京城，管理京城附近的部分府兵，大约管辖一万五千人。此外，还遥领四十至六十个分散在全国各地的折冲府。作为左武卫大将军，

唐太宗赏赐功臣

秦琼对皇帝及长安的安全负有重大责任。直到去世，秦琼的官职一直都是左武卫大将军。

武德九年（626）十月，秦琼食益州，实封七百户。

食邑制度是封爵制度的内容之一，受封爵位者可以获得食邑户的租税。到了唐朝，旧有的食邑制度虚衔化，食实封制度取而代之。唐朝依爵级而定食邑户数，秦琼作为国公，食邑为三千户，不过仅是虚衔而已。李世民登基后，核定开国功臣的食实封：裴寂一千五百户，长孙无忌、王君廓、尉迟恭、房玄龄、杜如晦一千三百户，长孙顺德、柴绍、罗艺、赵郡王孝恭一千二百户，侯君集、张公谨、刘师立一千户，李世勣、刘弘基九百户，秦琼、高士廉、宇文士及、程知节七百户，安兴贵、安修仁、唐俭、窦轨、屈突通、萧瑀、封德彝、刘义节六百户，钱九陇、樊世兴、公孙武达、李孟常、段志玄、庞卿恽、张亮、李药师、杜淹、元仲文四百户，张长逊、张平高、李安远、李子和、秦行师、马三宝三百户。这些人中，既有文臣也有武将。而在武将中，秦琼的实封也不是很高。

玄武门之变中，秦琼并没有直接参与诛杀李建成、李元吉以及入太极宫逼宫，以至于《旧唐书》《新唐书》只是简略地一笔带过，所以他的食实封只有七百户。而此前没有国公爵位的尉迟恭、侯君集等将领，不仅因在玄武门之变中的功绩被封为国公，还获得了远比秦琼高很多的食实封。

李世民登基后，秦琼经常卧病不起。秦琼一生南征北战，积累了不少创伤旧疾。别人探望，询问秦琼屡次得病的原因，他对人解释道："我从年轻时开始在战场上拼杀，大小二百余战，多次受重伤，流出的

秦 琼

血累计有数斛之多，怎能不病呢？"他担任左武卫大将军的职务，却逐渐淡出朝堂。

秦琼在长安最后十二年的生活细节我们不得而知，明清时期的众多文学作品一定程度可补这一段缺失。

罗贯中在《隋唐野史》中讲述了一段秦琼与尉迟恭怄气的故事。当时唐太宗欲征讨高丽，在朝堂商议时发现唯独秦琼没在殿中。听闻秦琼染病后，唐太宗便亲自前往秦府探望："帝与百官步行，直至寝室，见琼仰卧在床，令侍女扶起，帝曰：'久不见卿，何形容如此憔悴耶？'琼曰：'臣贱体沾疾，不能施礼，有劳圣驾下顾，罪该万死。'帝曰：'新罗入贡，被高丽反贼盖苏文夺去贡献之物，又写反诗，毁骂朕身，事实难容。朕欲亲自讨之，因见旧日相随征伐之将十存一二，惟敬德英雄尚在。闻汝不安，特来相视，不料如此狼狈，使朕心如刀割，又添一忧矣。'琼曰：'陛下欲讨高丽，奈臣不能前进，有误陛下重用，又恐海东难在一时收复。'帝曰：'朕亦忧虑此事。'只见敬德在旁，听言面如土色，便有不忿之意。敬德曰：'昔魏典韦从曹操征张绣，夜醉卧帐中，军人偷去铁戟，身被数十枪，临死犹能以人首掷杀敌兵无数，如此救主。汝为国之大将，何惧病焉？'琼曰：'人有旦夕祸福，岂能保乎？'敬德无言可答。时琼暗想：'此病皆因敬德三鞭之故，未吐其血，积成此病。今日临危，犹以言来相激。'骤然怒气冲怀，污血攻口，不能收止，琼遂含满一口，望敬德面上噀之，厉声大骂敬德。敬德怒曰：'吾以诚心相劝，何欺吾太甚邪？此仇如何可报！'……时琼不耐久坐，遂侧身而卧，转身背却唐帝。帝连呼数遍，琼默然不答。帝顾谓左右曰：'朕若非叔宝已死于沙场矣，今日如此，已会知彼之意，欲朕顾其后昆,朕安肯忘其昔日之德。'言未绝,只见叔宝在床展转身来言曰:'某正为此事,不敢开口。今病危在旦夕,倘有不虞,望陛下垂悯。'帝曰:'善保身体,汝子朕必以恩抚之,不必挂虑。'言讫,帝别了叔宝,上驾还朝。"

《隋唐演义》则为秦琼想象出了母亲和妻儿俱全的美好生活:"其时翼国公秦叔宝,致仕家居,尚有老母在堂,叔宝极尽孝养。其子秦怀玉,蒙高祖赐婚单雄信之女,生二子,长名秦琼,次名秦瑀。瑀娶拾遗张德之女,一胎双生二子,叔宝与叔宝之母,俱甚欢喜。到满月时,为汤饼之会,朝中各官,都往称贺。叔宝父子开筵宴客,张德亦在座,傅游艺与杜肃也随众往贺,一同饮宴。只见杯盘罗列,水陆毕具,极其丰腴。"当然,这只是一种美好愿望。

《说唐演义后传》还杜撰了秦琼临终时的嘱托:"单讲大国长安护国公秦叔宝临终这日,相传各府小爵主到床前,一个个教训说:'我当初幼年间,视死如归,枪刀内过日,不惜辛苦,才做到一家公位。汝等正在青年少壮,当干功立业,不可偷懒安享在家。我死之后,须当领兵前去保驾立功。我儿过来,为父一点忠心报国,就是尉迟恭督兵保驾,闻报一路平安,为父不能托胆放心,思量

翼国公秦琼画像
(清代《昇平署画册》)

病好还要去保驾。如今看来，病势沉重，是不能得了。为父倘有三长两短，功名事大，祭葬事小，或三朝五日将来殡殓了，也不必守孝。单人独骑前往东辽，戴孝立功，为国尽忠，方为孝子，为父死在九泉，自当保护你立功扬名后世，孩儿尽孝，天下人知，若忘我今日临终之言，算为逆子了。'怀玉含泪跪领教训。……这一日各府子侄一个个都是这样吩咐，公子不敢逆命。"

贞观十二年（638），秦琼在长安去世。

秦琼死后，被追赠徐州都督，并于次年改封为胡国公。

追赠在唐代是一种常见的褒奖、笼络手段，在官员或官员的父、祖死后对其赠官，意味着皇帝和朝廷对其的肯定与褒崇。获得赠官者的子孙后代，也可以因这个赠官而得到出仕做官的机会。唐朝对元勋追赠官职也有一些规律：往往生前在中枢任职的，死后就追赠外派官职；反之亦然。唐初追赠武官的外派官职集中于总管、都督两种官职，秦琼死后便被追赠为徐州都督，品秩正三品。

唐朝建立之初继承隋代制度，领军出征者为行军总管或大总管，并在重要州郡设置都督府（总管府），一个都督府统领几个州的兵力。都督又分上都督、中都督和下都督，每个都督掌管的州县品级不同。唐初设有十五个都督府，而到了贞观年间（627—649）则增至二十一个都督府。徐州都督府的存续时间为武德七年至贞观十七年（624—643），治彭城（今江苏省徐州市）。徐州都督府的等级并不高，秦琼去世时的徐州都督，只统领徐州、谯州、泗州三州军事。所以秦琼后代的墓志中提到秦琼，往往说其追赠的官职是徐、谯、泗三州都督。

朝廷赐予秦琼的谥号为"壮"。

九嵕山昭陵

古代帝王、诸侯、卿大夫、大臣等死后,朝廷根据其生前事迹及品德,给予其一个评定性的称号,这就是谥号。对于谥号中的"壮"字,《逸周书·谥法解》中是这样解读的:"威德刚武曰壮;赫围克服曰壮;死于原野曰壮;胜敌克乱曰壮;好力致勇曰壮;屡行征伐曰壮;武而不遂曰壮;武德刚毅曰壮;非礼弗履曰壮。"秦琼归唐近二十年,但其功绩基本出自跟随李世民南征北战的七年间。这七年间,秦琼历经百战,所向披靡,以"壮"为谥号名副其实。

秦琼死后,被准许陪葬昭陵。

昭陵是唐太宗李世民和皇后的陵墓,位于陕西省咸阳市礼泉县烟霞镇九嵕山。唐太宗首葬长孙皇后于昭陵后,颁布了《九嵕山卜陵诏》,号召文武大臣及皇亲国戚死后陪葬昭陵。文武大臣和皇亲国戚以陪葬昭陵为荣,从贞观年间直至开元年间,陪葬昭陵的人物基本囊括了唐立国百年来所有的知名大臣、皇亲国戚和三品以上官员。一百余座陪葬墓以

秦 琼

九嵕山主峰为轴心，呈扇面分布在陵山两侧和正南面，拱卫着昭陵。

昭陵陪葬墓的规格从高到低分为五类：第一种是以山为墓，第二种是封土为覆斗形的墓葬，第三种是封土为冢象山形的墓葬，第四种墓葬形制是封土为圆锥形，第五种是不起封土的低规格墓葬。秦琼墓建墓较早，所以离陵山比较近，其封土为圆锥形。昭陵内的尉迟恭墓、房玄龄墓、程咬金墓等均是这种封土。秦琼墓前立有唐太宗李世民专门下令让人雕刻的石人、石马，用以彰显秦琼的战功。墓前立石人、石马，是贞观年间异姓功臣所能得到的最高规格的葬仪。

至今，尚未通过考古发掘确定秦琼墓的准确位置。昭陵营造早期，陪葬的文武功臣会依据御路神道为界营造墓冢，神道东为文官墓冢，神道西为武官墓冢。根据这一排列规律推断，秦琼墓应在九嵕山主峰西南约四千米的庄河村一带。段志玄墓西南方向有一座大冢，就曾被认为是秦琼墓。

秦琼墓

而在九嵕山下的袁家村,村中有一座大型墓冢,民间习惯称这里为秦琼墓。墓冢坐北朝南,其封土据说原高10米,今仅存2米。墓南竖立着一块青砖包裹的石碑,上方镶嵌着"英勇神明"四个字,碑身刻有"护国公秦琼之墓"。这座秦琼墓是国家重点文物保护单位,据说墓前曾有石人、石马,后为防止破坏被收藏进了昭陵博物馆。

袁家村的秦琼墓其实是杜撰出来的,碑文所写的"护国公"是讲史小说《说唐演义全传》中李渊赐给秦琼的封号。墓前西侧还有一间门神庙,是祭祀"门神"秦琼之地。这座秦琼墓建在村中,被村民视为可护佑平安的"保护神"。周围居民常常前往祭祀祈福,每逢年节更是香火旺盛,高大的墓碑都被香火熏黑了。相对昭陵那些屡经劫难的陪葬功臣名将的墓冢,这座秦琼墓是其中唯一一座香火不断的墓冢。

廿四功臣

贞观十七年(643)正月,辅佐李世民共创"贞观之治"的魏徵去世。二月,昔日李世民身边的"第一猛将"尉迟恭上表请求告老还乡。这让已过五十知天命年纪的李世民不禁想起开国征战的日子,更想起了自己身边秦琼等一众谋臣猛将,"斯盖股肱馨帷幄之谋,爪牙竭熊黑之力,协德同习",这才有了贞观之盛世。

贞观十七年二月二十八日,唐太祖李世民下诏称:"自古皇王褒崇勋德,既勒铭于钟鼎,又图形于丹青。是以甘露良佐,麟阁著其美;建武功臣,云台纪其迹。"李世民罗列了秦琼等二十四名开国功臣,称这些人"或材推栋梁,谋猷经远,绸缪帷帐,经纶霸图;或学综经籍,德

秦 琼

范光茂,隐犯同致,忠谠日闻;或竭力义旗,委质藩邸,一心表节,百战标奇;或受脈庙堂,辟土方面,重氛载廓,王略遐宣;并契阔屯夷,劬劳师旅。赞景业于草昧,翼淳化于隆平。茂绩殊勋,冠冕列辟;昌言直道,牢笼缙绅"。李世民命人将这些名臣的样貌绘制成画像,挂入凌烟阁中,"庶念功之怀,无谢于前载;旌贤之义,永贻于后昆",是为"凌烟阁二十四功臣"。

凌烟阁二十四功臣分别是:司徒、赵国公长孙无忌;司空、扬州都督、河间元王李孝恭;司空、莱国成公杜如晦;司空、相州都督、太子太师、郑国文贞公魏徵;司空、梁国公房玄龄;开府仪同三司、尚书右仆射、申国公高士廉;开府仪同三司、鄂国公尉迟恭;特进、卫国公李靖;特进、宋国公萧瑀;辅国大将军、扬州都督、褒忠壮公段志玄;辅国大将军、夔国公刘弘基;尚书左仆射、蒋忠公屈突通;陕东道行台右仆射、郧节公殷开山;荆州都督、谯襄公柴绍;荆州都督、邳襄公长孙顺德;洛州都督、郧国公张亮;光禄大夫、吏部尚书、潞国公侯君集;

宋代李龙眠摹唐代《凌烟阁二十四功臣图》,左起第七人为秦琼

左骁卫大将军、邳襄公张公谨；左领军大将军、卢国公程知节；礼部尚书、永兴文懿公虞世南；户部尚书、渝襄公刘政会；光禄大夫、户部尚书、吕国公唐俭；光禄大夫、兵部尚书、英国公徐世勣和徐州都督、胡国公秦琼。当时，这些功臣中有一半已经故去。

在二十四功臣中，秦琼位居最末。功臣的顺序是按职事官或追赠官职的品秩来排序，而不是按爵位的品级来排序。贞观十七年（643）二月时，二十四人中有正一品五人、从一品两人、正二品四人、从二品五人、正三品八人。秦琼追赠的徐州都督一职为正三品，故而位置靠后。二十四功臣中，与秦琼一样同为正三品的功臣共有八人，这八人再依照职官的重要程度排序。贞观年间，正三品官职的先后排序为：吏部尚书、……左右骁卫、……左右领军卫、……礼部、民部、兵部、刑部、工部尚书、……中都督，所以秦琼列在最后一名。

置功臣图像于凌烟阁并不是唐代才有的。汉宣帝刘询就曾令人绘制十一名功臣的图像，高悬于麒麟阁以示纪念和表彰。此后，又有不

秦 琼

凌烟阁（明代丁云鹏绘）

少帝王仿照他的旧例，绘制本朝功臣图像，于专门地点进行供奉和表彰。唐太宗效法了这一做法，命阎立本主持绘制真人大小的二十四功臣像，他亲自撰写像赞并由褚遂良书于画像之上，悬挂在凌烟阁中。凌烟阁位于长安太极宫内廷东部三清殿迤北，坐南面北。阁中用中隔分成两个空间，内面北墙悬挂着功高侯王，中隔北侧则悬挂了其他功臣，秦琼像便悬挂在这一位置。这二十四位功臣的画像均面北而置，以示为君臣之礼。唐太宗晚年时，常前往凌烟阁怀旧，思念功臣。

永徽六年（655），唐高宗李治命人重新绘制了魏徵、高士廉、萧瑀、段志玄、刘弘基、虞世南以及秦琼七位功臣的画像，并亲书像赞，遣专使前往凌烟阁悬挂祭奠。于是，秦琼成为少数几位有两幅画像的凌烟阁功臣。

作为大唐功臣纪念堂的凌烟阁，此后又陆续悬挂了一些新的功臣画像。至唐昭宗时,已有一百二十名功臣被绘形于凌烟阁。凌烟阁及阁中的这些功臣图,后来毁于唐僖宗时期的黄巢之乱。虽然秦琼的"功臣"形象最终没能留存下来,但秦琼的事迹名垂青史。

唐太宗李世民及唐高宗李治为秦琼撰写的赞文没有流传下来。唐朝官员吕温曾作《凌烟阁勋臣颂》,里面有一首秦琼的赞文:

洛汭之役,龙战未决(我师与王世充阵于九曲)。

秦公应变,临阵电拔。

锐气尽来,我盈彼竭。

成败反掌,存亡奄忽。

虎来风壮,鳌转山没。

遂作心膂,爰从讨伐。

崩围陷阵,火迸冰裂。

翕如鹖耸,纵若鲸突。

功成国定,万古壮骨。

除绘形于凌烟阁外,秦琼还曾短暂地入祀过武庙。

唐肃宗时,追尊姜子牙为武成王,并建立武成王庙,简称武庙,以与供奉孔子的文庙对应。当时武庙的主神是太公望,包含副祀张良在内的历代名将十人的坐像分坐左右。这十人中,唐代将领有卫国公李靖、英国

清代沈源《凌烟阁二十四功臣像》中的秦琼

秦 琼

公李勣。唐德宗时，礼仪使颜真卿建议追封古代名将六十四人，入武庙一同祭祀。这六十四名将中，有十人是唐代名将，但没有秦琼。宋太祖赵匡胤幸武成王庙，观看两廊所画名将，认为白起不配受享武庙。以此为契机，他对武庙中陪祀的名将进行重新筛选。乾德元年（963）六月，古今名将中的二十二人被移出武庙，另有新选出的名将二十三人升入武庙，其中就有秦琼。宣和五年（1123），武庙的祭祀名单再次调整，历代名将增至七十二人，而秦琼却已不在名单之列。至此，秦琼入祀武庙一百六十年。

第八章

隋唐故事：
好汉英名四海扬

秦琼死了，大唐亡了，"秦琼"这一话题才刚开了个头。经过元明清三代的说唱、小说、戏曲等各种形式的重新创作，秦琼的形象日趋完美，从史书中的一员武将逐渐演变为世俗化的绝代英雄。

元代杂剧和说唱中，有关秦琼的故事开始多起来。明代是秦琼故事的发展期，尤其在讲史小说中，秦琼的形象日益突出，并出现了以秦琼的故事为主要线索的作品《隋史遗文》。在这部小说中，秦琼被塑造为隋唐英雄传奇中的第一英雄。清代是秦琼故事的繁荣期，秦琼的故事被延续、创新，出现了《隋唐演义》《说唐演义全传》等英雄传奇小说。在这些书中，瓦岗归义、当锏卖马、取马走金堤等故事脍炙人口，秦琼忠臣良将的形象深入人心。同时，这些故事和人物也被搬上了戏曲舞台，广泛传播。

杂剧唱勇

历史文献中关于秦琼的记载并不多，主要集中在《旧唐书》《新唐书》《资治通鉴》中。仅从史料看，秦琼生平事迹简单，他的历史作用和地位都是有限的，最大的形象特征就是勇武可嘉。与秦琼同时代的人物中，不乏尉迟恭、程咬金、罗艺、段志玄等勇猛过人的武将，秦琼并不是最耀眼的。

在唐宋笔记中，秦琼的形象要更鲜活些。记录隋唐之交内容的文人笔记并不多，如刘𫗧的《隋唐嘉话》和刘肃的《大唐新语》，以及内容散见于《太平广记》的《谈宾录》《酉阳杂俎》《逸史》《独异志》等，这些书都记载了当时流传的一些秦琼的故事。

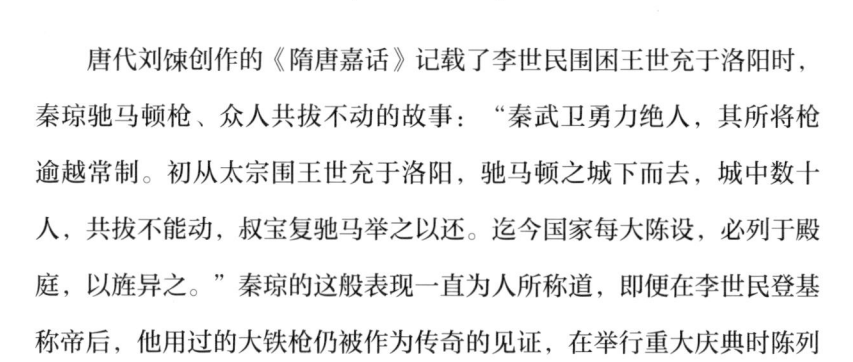

唐代刘悚创作的《隋唐嘉话》记载了李世民围困王世充于洛阳时，秦琼驰马顿枪、众人共拔不动的故事："秦武卫勇力绝人，其所将枪逾越常制。初从太宗围王世充于洛阳，驰马顿之城下而去，城中数十人，共拔不能动，叔宝复驰马举之以还。迄今国家每大陈设，必列于殿庭，以旌异之。"秦琼的这般表现一直为人所称道，即便在李世民登基称帝后，他用过的大铁枪仍被作为传奇的见证，在举行重大庆典时陈列展示。

唐代段成式创作的《酉阳杂俎》记载了秦琼所乘战马的奇异故事："唐秦叔宝所乘马号忽雷驳，尝饮以酒，每于月明中试，能竖越三领黑毡。及胡公卒，嘶鸣不食而死。"秦琼的战马名为"忽雷驳"，是一匹既有个性又讲情义的灵畜。宋代曾性也记录过此马"每月夜设二领毡，溪涧当前一跃而过"，虽然马跃过的毡数不同，但提到了此马善跳跃，非常马所及。名将配名驹，战马的灵异彰显了秦琼的不凡。

此外，《隋唐嘉话》记录了秦琼自述其多病的原因，《大唐新语》记录了秦琼丧母后来护儿遣人吊慰，以及秦琼与程咬金临阵投唐等事件。这些关于秦琼的故事，后来被《旧唐书》《新唐书》所采用。

唐宋时期的文人笔记虽然丰富了史料细节，但仍只是塑造秦琼的骁勇形象。当秦琼成为元代杂剧和明清讲史小说中隋唐题材故事的主角时，他的形象才为之一变，在众多猛将中脱颖而出。

到了元代，在宋杂剧和金院本的基础上发展起来的杂剧开始流行。元明杂剧中，以隋唐历史为题材的共有十二部，塑造了大量的历史英雄。这些杂剧中涉及秦琼的故事有很多，如关汉卿的《尉迟恭单鞭夺槊》《恭降唐》，尚仲贤的《尉迟恭三夺槊》，郑光祖的《程咬金斧劈

秦 琼

元杂剧人物砖雕

老君堂》,杨梓的《功臣宴敬德不伏老》,屈恭之的《恭扑马》,无名氏的《小尉迟将斗将认父归朝》《魏徵改诏风云会》《徐懋功智降秦叔宝》等。

元杂剧中出现了许多新的故事情节,被明清时期的讲史小说所吸收。如在《程咬金斧劈老君堂》《魏徵改诏风云会》中首次出现了老君堂救驾和南牢私放秦王的故事情节,为《隋唐两朝史传》《隋唐演义》《说唐演义全传》所继承。《尉迟恭鞭打单雄信》中首次出现了龙门山结义的故事情节,在《说唐演义全传》中发展为轰轰烈烈的贾柳店结义。《魏徵改诏风云会》中首次出现了瓦岗五虎将之名,即程咬金、裴仁基、蔡健得、王伯当、秦叔宝,这被《说唐演义全传》改造并沿用。《尉迟恭三夺槊》中首次出现了秦琼与尉迟恭"三鞭两锏"的故事情节,后来在《隋唐两朝史传》《唐书志传通俗演义》《隋唐演义》《大唐秦王词话》《说唐演义全传》中又有不同的演绎。

元杂剧强化了秦琼骁勇的历史形象,如在《徐懋功智降秦叔宝》中,不仅有对秦琼勇武善战的正面描写,还有秦琼的自夸"幼习战策,

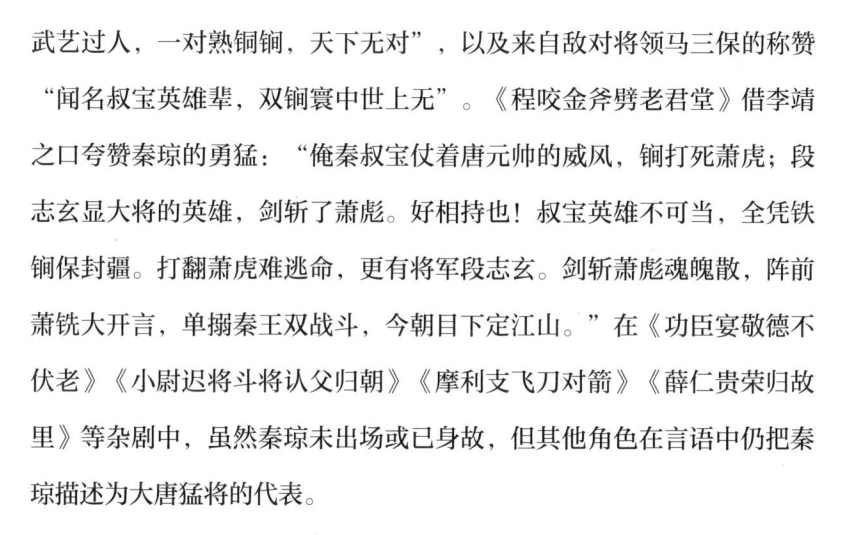

武艺过人，一对熟铜锏，天下无对"，以及来自敌对将领马三保的称赞"闻名叔宝英雄辈，双锏寰中世上无"。《程咬金斧劈老君堂》借李靖之口夸赞秦琼的勇猛："俺秦叔宝仗着唐元帅的威风，锏打死萧虎；段志玄显大将的英雄，剑斩了萧彪。好相持也！叔宝英雄不可当，全凭铁锏保封疆。打翻萧虎难逃命，更有将军段志玄。剑斩萧彪魂魄散，阵前萧铣大开言，单搦秦王双战斗，今朝目下定江山。"在《功臣宴敬德不伏老》《小尉迟将斗将认父归朝》《摩利支飞刀对箭》《薛仁贵荣归故里》等杂剧中，虽然秦琼未出场或已身故，但其他角色在言语中仍把秦琼描述为大唐猛将的代表。

有些杂剧在称赞秦琼勇猛的同时，又为他塑造了一些新的性格，"勇"不再是秦琼的唯一特征。如在《程咬金斧劈老君堂》《徐懋功智降秦叔宝》《功臣宴敬德不伏老》中，开始将秦琼与尉迟恭的人物性格区分开：秦琼向着儒将的方向发展，尉迟恭则更加向猛将的行列发展。这奠定了明清讲史小说中二人角色性格差异的基础。

历史上，秦琼多次转投敌对势力，这并不是一件值得大书特书的事。但元杂剧的相关故事，却通过改变这些事件的细节，极力为秦琼辩白。如秦琼弃郑投唐事件，在《徐懋功智降秦叔宝》中是这样演绎的：李密兵败身亡后，秦琼向王世充投降。王世充与唐军交战，秦琼勇猛善战。李世民想使其归附，于是派徐懋功去招降。但是秦琼出于忠义观念不愿投唐。于是，徐懋功就使用反间计，使秦琼受到王世充的猜忌，且马上就有杀身之祸，秦琼不得已而投唐。而《程咬金斧劈老君堂》则直接删去了秦琼投奔王世充的一节，讲述秦王李世民奉命率十万禁军征讨洛阳王世充时，在北邙山被李密抓住，秦琼等人认为李世民是真命天

秦 琼

子，就偷改了李密要处决李世民的诏令，放走了他。秦琼最后归降李世民，也就变得理所应当了。元杂剧为秦琼树立的这种"良臣择主而事"的人设，成为后世各类隋唐题材作品普遍遵循的价值观念。

元杂剧中关于秦琼的内容，推动了民间通俗文学对秦琼形象的塑造。到明清时期，隋唐题材的讲史小说将秦琼推到了顶峰，其形象特点逐渐由乱世骁勇向忠义双全转变。

词话言忠

"金盔金甲淡黄袍，五股攒成袢甲绦。护心镜，放光豪。丝鸾带，扎稳牢。鱼褟尾，护裆口，战裙又把膝盖罩。红中衣，绣团鹤。五彩靴，足下套。坐下马，名黄骠。踏山梁，如平道。日行五百任逍遥，哑赛云龙入九霄。向上瞧，黄面貌。天庭宽，地阁饱。通贯鼻子颧骨高，剑眉虎目威严好。两耳有轮似元宝，微有墨髯挂嘴哨。金装锏，挂鞍桥，上阵临敌锏法妙。晃三晃，摇三摇。兵见愁，将见跑，五虎上将命难逃。背弓带箭逞英豪，威风凛凛杀气高。要问此公名和姓，姓秦名琼字叔宝。好汉的英名四海飘。"这是评书开脸《秦琼赞儿》中描绘的秦琼形象。

明代开始，秦琼的故事已经家喻户晓，民间说唱更是将秦琼作为故事亮点加以塑造。明代余怀的《板桥杂记》记载了这样一件事：晚明著名的评话艺人柳敬亭说隋唐故事非常出名，他八十余岁时，有人路过其居住的宜睡轩，仍能听到室内传出说书声，所说书目就是《秦叔宝见姑娘》。这个书目讲的是秦琼获罪发配至幽州，幽州总管罗艺的妻子正是其姑母，姑侄得以相认。而在历史中，罗艺的妻子孟氏与秦琼并无瓜葛。这一情节虽然是说唱艺人虚构的，但让秦琼变成了一个情感丰富、有情有义的人物。这个说唱故事也被同一时期的话本小说《隋史遗文》所收录。

明代开始，产生了众多以隋末唐初朝代兴亡为题材的话本和章回体小说，这些经典作品经久不衰，如《唐书志传通俗演义》《隋唐两朝志传》《大唐秦王词话》等。这几部作品以历史记载为基础，吸收大量民间故事、传奇，塑造了诸多隋唐勇将，构建了一个与历史记载有所不同的秦琼形象。

《唐书志传通俗演义》刊行于明嘉靖三十二年（1553），是现存隋唐系统长篇小说中刊刻时间最早的一部，由书坊主熊大木以金陵薛居士创作的本子为基础编撰而成，共九十节。此书故事从隋炀帝大业十三年（617）起，至唐太宗贞观十九年（645）止。主要演述隋朝灭亡和唐王朝建立的过程，末尾叙述唐太宗征高丽，加入薛仁贵征东事迹。《唐书

以隋唐故事为题材的古代缂丝

志传通俗演义》的主要故事都来自史书，在此基础上加以大胆的虚构和夸张，并杂糅进不少民间传说，使得纷繁复杂的唐代开国历史成为一个线索分明、前后连贯的故事。该书第三十三节"美良川锏鞭逞战 三跳涧勒马飞度"讲述秦琼在战场上解救李世民于千钧一发之际，第五十五节"建成画计邀元吉 叔宝拥盾救秦王"讲述秦琼在"鸿门宴"上孤身救出李世民。这两节都是叙述秦琼于危难之中救主，在秦琼"勇"的形象中又加入"忠"的元素。即使在描写秦琼弃郑投唐时，秦琼也是一个忠臣形象，弃郑是因为王世充不是仁主，符合孟子的君臣之道。

《隋唐两朝志传》刊行于明万历四十七年（1619），据说是林瀚在罗贯中原本的基础上编撰而来的，共十二卷一百二十二回。该书叙事从隋末至唐僖宗乾符五年（878），前九十一回写隋败唐兴二十几年间的故事，后三十一回反映贞观以后两百多年的历史。该书大量采入戏曲、词话中的传说故事，神化了李世民的形象，丰富了众多英雄形象，开始了向英雄传奇小说的过渡。历史中，秦琼并不擅长指挥军队。《隋唐两朝志传》中却展现了秦琼的韬略心机和指挥才能，多次描述秦琼领兵上阵时使用计谋。如第十六回说道，秦琼在洛北守寨，王世充的大将丘瑞前来挑战，秦琼先诈醉诱敌，攻其不备，再将计就计，分兵伏击，最后前后夹击，攻占了巩北关。然而，秦琼的大多数计谋与其他将领相比并不显高明，他在临敌时仍更多依靠勇力取胜。

《大唐秦王词话》刊行于明天启、万历年间，是诸圣邻在民间说唱艺人所用底本的基础上加工编写而成的，共八卷六十四回。该书主要叙写李世民扫荡群雄、统一天下的故事，自二十一回至六十四回则突出叙写尉迟恭。此书名为"词话"，实即长篇鼓词。每回开头有诗、词或赋体韵文,接着是四句诗或上下对句,然后进入故事。叙述故事以散文为主,间有七字句和十字句的唱词,以七字句为多。《大唐秦王词话》中有大量的民间传说与虚构内容,讲述的故事内容生动感人,描绘的战争场面紧张激烈,刻画的人物形象个性鲜明,其艺术性远胜于《唐书志传》和《隋唐两朝志传》。虽然秦琼不是《大唐秦王词话》的主角,但该书关于他的故事有很多。

《大唐秦王词话》书影

秦琼的体形外貌史书中均未提及,《大唐秦王词话》的作者为了使秦琼的人物形象更加生动,便为其虚构了具体的体貌特征。该书中的秦琼"彪背熊腰石间玉,虎头燕额人中龙",是一员猛将的普遍长相。秦琼披甲上阵时,"全装披挂,果然是虎将丛中领袖,英雄队里班头。戴一顶狮兽口、嵌鸭青、缨簇将烂银盔,披一领珠络索、拱祥云、真锁幅、靛青袍,挂一副绿绒穿、排雁翅、赛唐猊银页甲,系一条称熊腰、妆异宝、翠玲珑镶金带,穿一双踏宝凳、踢飞云、乌犀兽软皮靴,弯一张赛鹰鹘、落鸿雁、龙角靶花梢弓,插一壶穿铁铠、透征衣、点钢錾雕翎箭,擎一杆刺三魂、追七魄、明如雪火尖枪,悬两条妖魔惧、神鬼惊、皎如银镔铁锏,骑一匹猛如龙、威胜虎、惯追风呼雷豹。仿佛灵官临世界,依稀真武下天门"。该书通过对秦琼上阵杀敌装扮的描写,极

秦 琼

力渲染他勇猛威武的个性,生动而传神。

关于秦琼的"勇",《大唐秦王词话》第四回介绍秦琼的唱词道:"五虎丛中无敌手。"第二十六回徐茂功向秦王介绍秦琼时,将他列为隋末英雄中的"第一完人":"岂不闻楚项羽的英雄,巨无霸的骁勇,一个乌江自刎,一个昆阳斩首,何足道哉!臣今举保一员大将,智胜韩侯,勇敌项羽,天下有一无二,高似敌人。"唱词道:"果是英雄无敌手,才兼文武有谁伦。立身谨厚存忠孝,正己清廉重义仁。战策能通孙子法,兵韬尽晓吕公文。枪抡锏转惊神鬼,骁雄列国尽知名。"该书甚至怕显得秦琼太过无敌,让他天生就带上了三分病,只道是"秦叔宝按上界天蓬星,尉迟恭按上界黑杀神,怕天蓬难为黑杀,以此天降三分病与叔宝,教他上阵常带三分病"。所以在虹霓涧大战中,秦琼跳涧时被马鞍鞒前心扛了一下,口内一连泛出三口血。即便如此,秦琼仍与尉迟恭打了个平手。

《大唐秦王词话》将秦琼描绘为一员儒将,并加强了他忠君的形象。如他在"避迹潜形洛蕊城"时,"每日观书玩典,论古谈今,把功名富贵视若浮云,一心要向林泉乐隐"。虽是如此,但他自叹道:"锏随我十余年不离左右,到军前临阵上屡立功勋。争奈我运蹉跎未逢真主,近日来心志懒无意朝簪。曾似那汉孔明南阳高卧,总不如周吕尚渭水垂纶。评乐毅论韩侯皆为名将,百里奚齐管仲尽是能臣。他四人未遇时埋名隐姓,忽一朝龙得水际遇风云。兴社稷灭烟尘传芳后代,定江山谋王伯万古留名。如今喜一炉香竹篱茅舍,避尘嚣抛世网甘分山林。"《大唐秦王词话》完成了秦琼由骁勇到儒将的形象转变,这在此后的隋唐讲史小说中基本被承袭下来。

上述几部小说中，虽然秦琼的故事占有一定比例，但均以李世民为故事中心。在这些作品中，秦琼的形象还停留在忠勇的层面，在众多历史人物中也不太过突出，更没有涉及秦琼少年成长及在隋朝为将的经历。直到隋唐题材的英雄传奇小说出现，秦琼的形象才彻底完美起来。

遗文称义

明末，出现了一部以演述秦琼的事迹为主要线索的讲史小说，这就是《隋史遗文》。

《隋史遗文》刊行于明崇祯年间，是袁于令在各类隋唐题材的民间通俗文学的基础上创作的英雄传奇小说，共十二卷六十回。该书叙事始于隋文帝杨坚建立隋朝，自第四十八回后，始转入唐公起义及破王世充、窦建德事，止于李世民即位封赏功臣。全书以历史事件为线索，以秦琼的活动串联起众多英雄人物。《隋史遗文》采用大量野史笔记与民间传说为素材，语言通俗，描写细腻，有较强的故事性，残存着话本的痕迹。

《隋史遗文》没有沿用明代已形成的隋唐说唱文学与演义小说的相关内容，而是对秦琼的故事作了大幅度改写，将秦琼描绘为隋唐之际的重要人物，为其塑造出了一个崭新的形象。与以往同类作品相比，《隋史遗文》弱化了秦琼业已形成的"勇""忠"的儒将形象，突出了他的"义"，将其塑造为一位出身于草莽、命运坎坷的义气英雄。如该书对秦琼如何投奔王世充一节的叙述：秦琼早就看出王世充阴险狡诈的一面，无意投降于他，但结义兄弟单雄信与唐王有杀兄之仇，执意投郑，秦琼看在好友的面子上不得已才投奔王世充。这一节对"义"的考量远多于"忠"。对此，书中阐释道："人到世乱，忠贞都丧，廉耻不明，今日臣此，明日就彼。……但是世乱盗贼横行，山林畎亩都不是安身去处。有本领的，只得出来从军作将，却不能就遇着真主，或遭威劫势禁，也便改心易向。只因当日从这人，也只草草相依，就为他死，也不见得忠贞，徒与草木同腐。不若留身有为，这也不是为臣正局，只是在英雄不可不委曲以量其心。"

《隋史遗文》中塑造的秦琼，外貌和装扮更加符合武将的威武形象。书中构想的秦琼外貌是这样的："轩轩云霞气色，凛凛霜雪威棱。熊腰虎背势嶙嶒，燕颔虎头雄俊。声动三春雷震，髯飘五柳风生。双眸朗朗炯疏星，一似白描关圣。"他披甲上阵时的样子更加威风："凤翅金盔，鱼鳞银铠，面如月满，身若山凝，飘飘五柳长髯，凛凛一腔杀气，弓挂处一弯缺月，锏摇处两道飞虹，人疑是再世伍胥，真所画白描关圣。"作者一再强调秦琼的形象"似白描关圣"，将秦琼比作关羽一般的人物，儒雅且忠义。

该书破天荒地用大量笔墨叙写秦琼未发达时的身世

秦琼结交豪杰

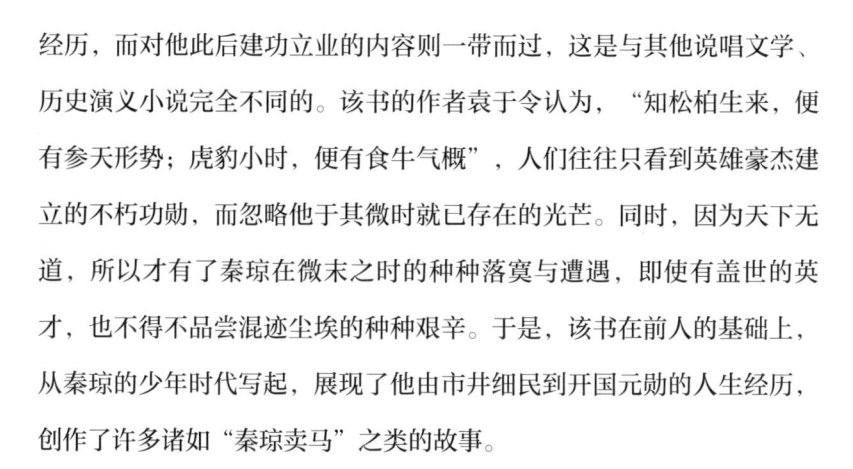

经历，而对他此后建功立业的内容则一带而过，这是与其他说唱文学、历史演义小说完全不同的。该书的作者袁于令认为，"知松柏生来，便有参天形势；虎豹小时，便有食牛气概"，人们往往只看到英雄豪杰建立的不朽功勋，而忽略他于其微时就已存在的光芒。同时，因为天下无道，所以才有了秦琼在微末之时的种种落寞与遭遇，即使有盖世的英才，也不得不品尝混迹尘埃的种种艰辛。于是，该书在前人的基础上，从秦琼的少年时代写起，展现了他由市井细民到开国元勋的人生经历，创作了许多诸如"秦琼卖马"之类的故事。

"秦琼卖马"的故事最早见于《隋史遗文》，大致内容是这样的。秦琼解犯人在潞州耽搁了一段，由于盘缠放在好友樊建威那里，加之蔡太守迟迟不给回批，秦琼在潞州滞留了很长时间。因无力付房饭钱，秦琼遭到了店主人王小二无情的奚落与催逼，极为难堪。秦琼在四面漏风的破屋中，手弹金锏，口内作歌道："旅舍荒凉雨又风，苍天着意困英雄。欲知未了平生事，尽在一声长叹中。"最后不得已，他只得将祖传的金锏卖掉以度日。结果当

秦琼卖马

铺老板黑心，竟要将其以废铜价充当，价钱不足五两银子，叔宝只得又抱着铜回去。第二天，他又牵着千里宝马去卖，而他的马也遭到了店主人王小二的虐待，瘦得不成模样，牵到集市上连理睬的人都没有。英雄人物秦琼沦落到这般地步，当真是"宝刀虽利，不动文士之心；骏马虽良，不中农夫之用。英雄虽有掀天揭地手段，那个识他重他，还要奚落他"。最后经一老农介绍，秦琼将马牵去卖给一位识马之人，此人就是极为仰慕秦琼的单雄信。落魄的秦琼此时却不敢说出真实姓名："叔宝隔溪一望，见雄信身高一丈，貌若灵官，戴万字顶皂包巾，穿寒罗细摺粉底皂靴；自家看着身上，不像模样得紧，躲在大树背后，解净手，抖下衣袖揩了面上泪影。"

秦琼得了卖马银子后，做的第一件事就是到饭店饱餐一顿，他在饭店遇到了好友王伯当与李密。秦琼怕被友人看见自己衣衫褴褛的样子，内心极度尴尬。"叔宝在东厢房却坐不住，拿了潞绸起身要走，不得出去。进来时不打紧，他那栏杆围绕，要打甬道才出去得。二人却坐在中间，叔宝又不好在栏杆上跨过去，只得背着脸又坐下了。他若顺倒头竟吃酒，倒也没人去看他，因他起起欠欠的，王伯当就看见了……"王伯当还不敢确认这就是秦琼，"叔宝见伯当说不是，心中又安下些。那跟随的却是个少年眼快的人，要实这句言语，转过身紧看着叔宝，吓得叔宝头不抬，箸也不动，缩颈低坐，像伏虎一般"。最后，秦琼只好与之相认，并抱头痛哭了一场。

秦琼在回乡的路上又病倒在魏徵所在的东岳庙，后被前来做法事的单雄信发现，邀往庄上养病。秦琼病好后准备回乡，单雄信赠银数百两，结果在路上住店被当作响马贼。店主人张奇准备晚上趁叔宝熟睡时将其擒拿，当他们打进叔宝房中时，秦琼"只道歹人进来抢劫，怒火直冲，动手就打一掌去，逼的一响，把张奇打来撞在墙上，脑浆喷出桃花，牙齿乱抛瓠子。哎哟一声，气绝身亡"。秦琼因此吃了官司，虽经单雄信上下打点，但秦琼还是被治罪发配幽州。秦琼被解到幽州后，小说又写他进

秦琼病倒在东岳庙

辕门的情形："童环捧文书，金甲带铁绳，将叔宝斑锁牵进。进大门还不打紧，只是进仪门那东角门，钻在枪刀林内。到月台下，执牌官叫跪下。东角门到丹墀，也只有半箭路远，就像爬了几十里壁陡高山，三人都喘息不定。秦琼身高丈余，这一个豪杰因在威严之下，只觉自己的身体都小了。"整个故事着重刻画秦琼困辱辛酸的经历，而不渲染其骁勇，支撑他坚持下来的则是情谊。

"秦琼卖马"这一故事后来被其他小说、说唱吸纳，并被京剧、汉剧、徽剧、湘剧、河北梆子等戏曲编排为剧目，影响深远。

《隋史遗文》不同于历史演义，它以塑造传奇式英雄为主，许多故事并不依据历史。书中的秦琼完全摆脱了史书的羁绊，不仅没有草莽气

秦琼

《隋唐演义》书影

息，反而有洁身自爱的士大夫情怀，成为"奇情侠气，逸韵英风"的英雄形象，这一形象是各阶层都十分喜爱的。自此以后，秦琼的故事变得家喻户晓，秦琼的形象开始深入人心。

到了清代，又出现了《隋唐演义》《说唐演义全传》等英雄传奇小说，创作出更多秦琼的故事。秦琼的形象被极尽美化，秦琼的故事形成了系统的叙事体系。

《隋唐演义》刊行于清康熙年间，是褚人获创作的一部具有英雄传奇和历史演义双重性质的长篇章回体小说，共二十卷一百回。褚人获在自序中称此书以唐代卢肇所撰《逸史》为框架，结合《隋史遗文》《隋炀帝艳史》，又参照《隋唐两朝志传》，加以缀合、补充、润色而成。《隋唐演义》叙事起自隋文帝起兵伐陈，迄于唐明皇还都而死，前后共历170余年，叙事情节以隋炀帝和唐明皇为详，间插演述秦琼等草莽英雄起兵反隋、追随李世民打天下的传奇故事。该书是在正史、野史、民间传说以及通俗小说的基础上汇总加工而成的，熔历史与传奇于一炉，叙事风格雅俗兼容。《隋唐演义》前二十五回主要叙述秦琼等草莽英雄的传奇事迹，其中关于秦琼的故事完全照搬《隋史遗文》前三十三回的相关内容。

《说唐演义全传》又名《说唐前传》，刊行于清乾隆年间，著者署名为鸳湖渔叟，共六十八回。该书从秦彝托孤和隋文帝平陈、统一南北说起，重点叙述隋末众英雄起事，李世民征服群雄，建立唐王朝的过程。其中对瓦岗寨为主的英雄好汉有较多的描述，对秦琼、罗成、程知节、王伯当、尉迟恭等英雄好汉描绘得非常生动。继《说唐演义全传》之后，又出现了《说唐演义后传》《说唐三传》《反唐演义》等续书。该书又与《说唐演义后传》《说唐三传》合刻，名为《说唐全传》。该书的故事情节是历史演义向英雄传奇演变的典型，且具有浓厚的民间故事风格。

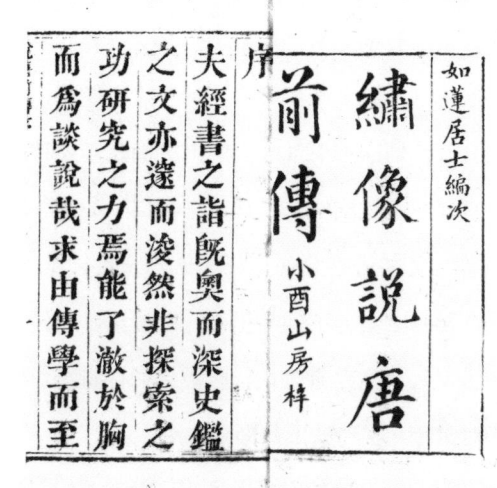

《说唐演义全传》在讲述秦琼的故事时，对诸书中秦琼的故事和形象进行了大量的加工和改造，试图将秦琼塑造成一个较为完美的人物。如《隋史遗文》中曾在秦琼出场时介绍道，秦琼"最懒读书，只好轮枪弄棍，厮打使拳"。而《说唐演义全传》则改动了一字，将秦琼的最懒读书改为最喜读书，并且还说秦琼曾被母亲送入馆内读书，甚至连名字和表字也是先生所起。如此，彻底涤清了秦琼的草莽气息。又如，《隋史遗文》《隋唐演义》里的秦琼以孝顺母亲而有"赛专诸"之名，《说唐演义全传》又为他加上了一个"小孟尝"的称呼，让秦琼在孝义之外

《说唐演义全传》书影

更多了济困扶危、结交好汉的豪爽性情。虽然《隋史遗文》《隋唐演义》里也有秦琼与一众豪杰相聚贾柳店的故事，但是《说唐演义全传》首次在这基础上增加了"结拜"这一经典情节，凸显了瓦岗寨英雄的生死义气，使这些倡乱起兵的人物拥有了独特的人格魅力。后来，民间流传有"宁为桃园三结义，不结瓦岗一炉香"的说法，意思是瓦岗寨众人虽然结义却最终分崩离析，比不上桃园结义的三人始终不离不弃。然而，又有"秦琼哭回半把香"的说法，这是赞扬瓦岗寨众人中只有秦琼最重义气，他在单雄信兵败被俘、行将斩首时仍能割股全义，足可见书中对秦琼"义"的形象刻画之深。

至此，秦琼的形象发展到了极致，他行侠仗义、有大将风度、施恩解困、知恩报恩，集多种优良品质于一身，成为一个世俗化的大英雄。

皮黄扬名

《说唐演义全传》《隋唐演义》等隋唐小说塑造了秦琼几近完人的形象，与此同时，这些小说中丰富的故事情节又促成了隋唐故事戏的发展。

以戏曲特有的表现手法将秦琼更直观地展示在大众面前，始于元明时代的杂剧。梆子腔和皮黄腔出现后，创编的隋唐故事戏陡然多了起来，多数剧目都表现了草莽英雄秦琼、单雄信、程知节、徐茂公等瓦岗好汉的忠烈、英勇和信义。清代的隋唐故事戏大都承袭《说唐演义全传》《隋唐演义》的基调，但多数剧目只是采用了原著的部分情节，又根据舞台表演的需要进行了较大改动，甚至全新的创造，情节内容更加集中精练。这类题材的戏曲，剧情跌宕起伏，语言通俗易懂，曲调清新流畅，因而广受欢迎。秦琼的故事也随之被更多民众所熟知而名扬天下。

道光初年，清宫内廷曾演出乱弹戏《贾家楼》等与秦琼有关的戏曲。此后的百余年间，清代宫廷戏曲承应及管理机构昇平署完成了一套连台本戏《兴唐传》，成为日后京剧演出隋唐故事戏的重要蓝本之一。咸丰九年（1859），咸丰皇帝在阅读《兴唐传》总本后，将其定名为《兴唐外史》，并亲自确定了各剧目的前后顺序。为此，昇平署的档案记载："二十五日，上交下朱笔总本。头段《临潼山》、二段《长叶林》、三段《贾家楼》、四段《黄土岗》、五段《赚潼关》、六段《瓦岗寨》、七段《四盟山》、八段《临阳关》、九段《虹霓关》、十段《倒铜旗》、十一段《兴唐传》、十二段《美良川》、十三段《红泥涧》、十四段《三战洛阳》，共十四段。事体尚顺，不甚贯串，按照朱笔改定次序，名曰《兴唐外史》。"咸丰时期，宫廷中所演的隋唐故事剧目多为昆腔戏。到了光绪时期，随着皮黄声腔在北京的发展，清宫演出隋唐故事戏多为皮黄腔调，如《卖马》《虹霓关》《断密涧》等。此外，梆子艺人侯俊山、田际云还曾入宫出

京剧中的秦琼形象

秦 琼

京剧《麒麟阁》中的秦琼形象

演过河北梆子《秦琼观阵》等剧目。

很多戏曲剧种都有关于秦琼的剧目。以京剧为例，近世可见的传统戏及新编历史戏有《枣阳山》《望儿楼》《临潼山》《当锏卖马》《三家店》《打登州》《麒麟阁》《四平山》《临江关》《虹霓关》《秦琼表功》《取帅印》《响马传》《秦琼发配》《观阵》等数十出，此外还有很多失传的剧目。

《枣阳山》故事说的是秦琼刚在历城出任捕快，接到的第一个任务就是护送钦差黄大人回京。途经枣阳山时，他被占山为王的响马单雄信劫掠。秦琼与之交战，并使出撒手锏将单雄信击落马下。单雄信输得心服口服，随着秦琼拜见了黄大人。黄大人欲将其问斩，经秦琼求情方赦免其罪过。黄大人嘱咐单雄信焚掉山寨下山务农，众人就此别过。《枣阳山》是秦琼成年后最早出场的一出戏，戏中的黄大人送给秦琼一份成年礼物："钦差见喜，赐俺黄骠马一骑。俺得此马，犹如肋生双翅。"《说唐演义全传》《隋唐演义》中不见《枣阳山》的故事情节。该剧以净角为主，京剧名家裘盛戎曾出演秦琼。如今，这出戏已很难在京剧舞台上见到了。

《临潼山》故事说的是隋文帝次子晋王杨广拉拢李渊，李渊不受。杨广贪图李渊之妻窦氏的美貌，遂下棋为赌，使李渊用窦氏为赌注。醉酒的李渊将酒杯向杨广掷去，打掉他的数颗牙齿。李渊为避祸，上递辞王之本。行至临潼山，杨广带人前来截杀。正在生死之时，秦琼路见不平，策马来救，遂解其围。《临潼山》的故事情节见于《说唐演义全传》第四回，《隋唐演义》第四回、第五回，京剧名家马连良曾改编此剧，并饰演秦琼。除了京剧，汉剧、川剧、湘剧、同州梆子、徽剧、豫剧、河北梆子都有此剧目。山东梆子一般只唱《临潼山》中《金刚庙》一折，故山东梆子称此剧为《金刚庙》。

京剧《临潼山》（年画）

《当锏卖马》这出戏又名《天堂县》《秦琼卖马》，是秦琼题材的戏曲中最著名的一出。剧中"店主东带过了黄骠马"一段西皮慢板，苍劲悲凉，表达了秦琼在落魄中不得已要卖掉心爱骏马的无奈心情，脍炙人口。故事说的是秦琼解配军至潞州天堂县，因刺史不与回文，秦琼便居住在王老好店中。秦琼花光了盘缠，忍痛欲卖黄骠马，恰遇单雄信。

秦 琼

京剧《当锏卖马》
（绘画作品）

秦琼再欲卖锏，又遇王伯当、谢映登资助，并代索回文。《当锏卖马》的故事情节见于《说唐演义全传》第五回、《隋唐演义》第六回至第九回。此剧最早只有《当锏》一场，后发展为一段完整的剧情。《当锏卖马》是京剧名家谭鑫培的代表作，汉剧、徽剧、湘剧、河北梆子中也有此剧目。

《贾家楼》又名《三十六友》，故事说的是秦琼的母亲过生日，单雄信广撒江湖帖，邀各路英雄好汉到山东为秦琼的母亲贺寿。程咬金为了准备给秦母祝寿的礼物，在路上先后打劫单雄信和罗成，都吃了亏。众人由徐茂公发起，在贾家楼结拜。程咬金劫皇杠事发被捕，贾家楼结拜兄弟劫牢反出山东。《贾家楼》的故事情节见于《说唐演义全传》第二十四回至第二十六回，《隋唐演义》第二十三回、第二十四回，两书内容略有差异。贾家楼结义这个故事情节非常出名，但由于剧中程咬金这个角色要以武花脸应工（在其他戏中多以丑角应工），所以这出戏现在已非常少见。

《三家店》又名《男起解》，也是一出非常有名的秦琼戏，尤其是剧中那段唱词"将身儿来至在大街口"，更是脍炙人口。故事说的是靠山王杨林得悉秦琼与瓦岗寨上的人有联系，便命部将罗周（也作王周）押送秦琼赴登州审讯，夜宿三家店。秦琼在慨叹中提及罗成，罗周才知道他和自己算得上是亲戚。适瓦岗寨派史大奈到此搭救秦琼，三人商议约瓦岗寨弟兄于八月十五齐集登州起事。《说唐演义全传》中不见《三家店》的故事情节。此剧目最初为河北梆子，后改编为京剧，常与《打登州》合并演出。湘剧、秦腔都有此剧目，河北梆子有《男起解》，柳子戏有《黄桑店》。

《打登州》又名《射红灯》，故事说的秦琼被押至登州，瓦岗众英雄相商营救，乔装打扮混入城中伺机而动。靠山王杨林得知此消息，打算把瓦岗英雄引到登州，集中歼灭。于是，他命令秦琼在中秋之夜与自己比武较量，并在秦琼的后背插三盏红灯，以便在夜晚追杀。杨林、秦琼两人交战时，幸好王伯当一箭射落红灯，众英雄乘乱救出秦琼，同归瓦岗寨。《打登州》的故事情节取材于《说唐演义全传》第二十二回

京剧中的秦琼形象

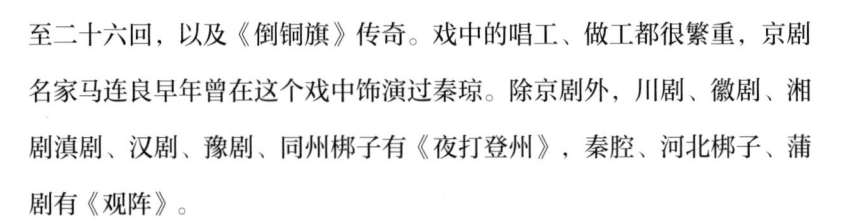

至二十六回，以及《倒铜旗》传奇。戏中的唱工、做工都很繁重，京剧名家马连良早年曾在这个戏中饰演过秦琼。除京剧外，川剧、徽剧、湘剧滇剧、汉剧、豫剧、同州梆子有《夜打登州》，秦腔、河北梆子、蒲剧有《观阵》。

上述几出京剧只是秦琼投奔瓦岗前的故事，关于秦琼的剧目还有很多，其中一些唱腔在演唱及板式结构方面很有特色，《卖马》《打登州》等戏更是成为京剧代表性剧目，在戏曲舞台上久演不衰。

第九章

民间传说：
故老闲坐话秦琼

秦 琼

当基于历史演义的隋唐故事开始流布于大江南北，民间同时产生了秦琼传说——神话的秦琼故事。大约从金元时期开始，秦琼与尉迟恭在民间传说中成为抵御邪祟入侵门户的门神，秦琼有了护佑平安的神奇力量。与此同时，在秦琼的故乡——山东济南，又产生了秦琼故宅一夕化渊的传说，连带秦琼住过的宅院在传说中也有了平波安澜的功能。

秦琼传说完全游离于说唱、小说、戏曲的叙事体系，是独立存在的、崭新且零散的口头叙事文学。它基于隋唐故事中的片文只事，糅合民众的丰富想象和美好愿望，形成了既离奇动人又富于生活气息的秦琼故事。秦琼传说一直流传至今，被列入山东省非物质文化遗产名录。秦琼已故去一千三百余年，他不仅没有被遗忘，而且化为一个文化符号，继续流传下去。

门神秦琼

提到秦琼，人们首先想到的是一位勇猛善战的将军，他忠孝仁义，是近乎完美的大英雄。但在风俗文化中，秦琼则是一个能震慑邪祟、护佑平安的神仙般的人物。他与尉迟恭是一对门神，秦琼作为"门神"的化身，为人们所崇敬。

门神，即司门守卫之神，是中国民间很受欢迎的保护神之一，贴门神成为寄托百姓美好生活祈愿的传统民俗。从形象来看，门神可分为武将门神、文官门神、童子门神等不同门神。武将门神一般身着盔甲戎装，手持兵器，面目威严，如神荼、郁垒、秦琼、尉迟恭等，通常贴在临街院门上。文官门神一般都是文官形象或者是福禄星官的形象，如赐福天官、福禄二仙等，通常贴在室内或内宅院门上。童子门神一般都是以童子的形象出现，童子手中持有如意、寿桃、蝙蝠、石榴等吉祥器物，童子门神一般张贴于室内。此外，还有钟馗门神、仙子门神、判官门神等。这些门神虽出现的时间、区域、背景完全不同，但同样被民间所信仰。人们一般在元旦日绘制或张贴门神像，以祈求新一年的平安。清代陈维崧《贺新郎·乙卯元日十五用前韵》词中就有"抖擞门丞秦叔宝，贝带璘瑜光射"一句。清代顾禄《清嘉录》中还记载了新年张贴秦琼、尉迟恭门神的场景："夜分易门神。俗画秦叔宝、尉迟敬德之像，彩印于纸，小户贴之。"

门神秦琼（清代陕西年画）

　　门神源于上古时期的自然崇拜。汉代王充《论衡·祭意》中说道："五祀报门、户、井、灶、室中溜之功。门、户，人所出入。井、灶，人所欲食。中溜，人所托处。五者功钧，故俱祀之。"在古人看来，门主出入，在整个房子中占重要的地位，为五祀之首。后来，祭祀的神主逐渐具象化，"盖司门之神，其义本自桃符，以神荼、郁垒辟邪，故树之于门。此门神始也"。神荼、郁垒是最早的门神形象，传说他们是东海度朔山上的神，专门防止害人的鬼从鬼门中逃出来危害人间。要是鬼跑出来，神荼用桃木剑砍其颈、贯其腮，郁垒缚以苇索、射以桃弧。百姓为了抵御邪祟入宅，就把这两位神人的形象张贴在门上。东汉蔡邕曾记述过民间绘制门神的景象："岁竟，画荼垒，并悬苇索，以御凶。"魏晋以后，人们又开始赋予神祇人格力量，并将门神形象逐渐与现实生活中的人物联系起来。除了原有的神荼、郁垒外，镇殿将军、天王力士、药叉神将等也开始成为门神形象。

隋唐时期，官宦人家会在宅院大门上绘制神荼、郁垒的形象。普通百姓没有能力绘制门神，便将桃木等辟邪之物悬挂于门外。在唐代，秦琼确实曾经被诏绘制画像，但并未被当作门神绘制在宫门上，而是悬挂于祭祀有功之臣的凌烟阁中。北宋时期的门神虽然还是叫作神荼、郁垒，但是形象不再是张牙舞爪的神怪之相，而是变为披甲戴盔的人间将军模样。南宋时期，随着雕版印刷的普及，印刷的门神年画开始广发使用，普通人家的大门上也出现了门神形象，贴门神这一习俗在民间流传开来。这期间，门神的形象更加具象化，人们开始用神话之外的真实人物作为门神形象。元代的杂剧作品塑造了大量隋唐时期的英雄形象，推动了秦琼故事在民间的传播。至迟在元代，秦琼已成为门神之一。在大多数地区，站在门内往外看，秦琼居左为门丞，尉迟恭居右为户尉。

关于秦琼成为门神的缘由，《三教源流搜神大全·门神二将军》这样记述："门神乃是唐朝秦叔宝（秦琼）、尉迟敬德（尉迟恭）二将军也。按：传唐太宗不豫，寝门外抛砖弄瓦，鬼魅呼号，三十六宫、七十二院夜无宁静。太宗惧之，以告群臣。秦叔宝出班奏曰：'臣平生杀人如剖瓜，积尸如聚蚁，何惧魍魉乎！愿同胡恭戎装立门以伺。'太宗可其奏，夜果无警，太宗嘉之，谓二人守夜无眠。太宗命画工图二人之形象全装，手执玉斧，腰带鞭锏弓箭，怒发一如平时，悬于宫掖之左右门,邪祟以息。后世沿袭,遂永为门神。"唐太宗李世民经常做噩梦是历史上真实存在的事情,屡屡被写入史书之中,由此生出了镇殿将军为其守夜的传说。

明代《西游记》第一十回《二将军宫门镇鬼 唐太宗地府还魂》中讲了这样一则故事。唐朝开国初期,泾河龙王和一个算卦先生打赌,结果犯了天条,罪该问斩。玉帝任命魏徵为监斩官,泾河龙王为求活命,给唐太宗李世民托梦求情,请他一定要拖住魏徵。李世民在梦中答应了泾河龙王,便命宦官去宣魏徵进宫见驾。李世民让魏徵陪他一起下棋,一时间也是棋逢对手,难舍难分。没想到魏徵下着棋时打了一个盹儿,就灵魂升天,将龙王斩了。泾河龙王抱怨太宗言而无信,在梦中提着血淋淋的龙头扯住李世民不放,整夜呼号索命。李世民神魂倦怠,心神不安。群臣得知后,大将秦琼奏道:"愿同尉迟恭介胄整齐,执金瓜钺斧,戎装立门外以待。"太宗应允。那一夜果然无事。太宗因不忍二将辛苦,遂命巧手丹青,画二将真容,贴于门上。自那以后,鬼魅邪祟也便绝迹了。民间纷纷效仿,贴门神保平安,这两员大将便成为千家万户的守门神。

《隋唐演义》中《成后志怨女出宫 证前盟阴司定案》一回则给出

明刊本《三教源流搜神大全》中秦琼、尉迟恭门神的形象

秦 琼

清代《彩绘全本西游记》中的《二将军宫门镇鬼 唐太宗地府还魂》

了类似的说法：李世民生了一场大病，太医勤勤看视，短时间内难以好转。众臣日夕问候，惟秦琼、尉迟恭来问安时，李世民颇觉神清气爽。他便让画匠绘制二将之戎装像，手持鞭锏，怒目发威，悬挂于宫门两旁，此后病痛全消。

秦琼作为门神时的形象，《西游记》中有段赞语这样描述，门神秦琼"头戴金盔光烁烁，身披错甲龙鳞。护心宝镜幌祥云，狮蛮收紧扣，绣带彩霞新。这一个凤眼朝天星斗怕，那一个环睛映电月光浮。他本是英雄豪杰旧勋臣，只落得千年称户尉，万古作门神"。

明清时期，门神年画上的秦琼形象相对固定。通常，秦琼为白脸，留五绺须，神态和善；尉迟恭为红脸，留连鬓须，神态威猛。秦琼为红脸时，则尉迟恭为青脸。二人所持的兵器也不相同：秦琼持双锏，尉迟恭持双鞭。以杨柳青年画为例，门神画中秦琼的形象是："金盔金甲淡黄袍，五股攒成绊甲绦，护心宝镜放光毫，狮蛮腰带扎得牢。鲨鱼塌尾护裆口，站裙来把膝盖罩，红甲上衣绣云朵，五彩战靴足下套。描金箭壶挂中腰，金锏一把逗英豪。威风凛凛杀气高，妖魔愁来鬼见逃。脸如傅粉白面貌，天庭阔来地阁饱，通天鼻梁颧骨高，剑眉凤目威严好，五绺黑髯挂嘴哨。"尉迟恭的形象则是："脸如锅底黑面貌，蒜头鼻子火盆口，坚眉豹眼威严好，虬须满腮如扫帚。"

秦琼的门神形象因时代、地域的不同而有所差异，其面貌、服饰、姿态以及所持兵器有诸多样式。具体而言，常见的形象大致有仪仗门神、鞭锏门神、骑行门神、端坐门神等数种。

仪仗门神的形象源自秦琼、尉迟恭为唐太宗守宫门的传说，这类门神像一般绘制或张贴于宫殿、官署、祠堂等公共建筑，以及官宦宅院的大门上。仪仗门神中，秦琼多作镇殿将军样貌，稍有侧头，相貌多为戏曲脸谱。门神像中的秦琼白面凤眼、长须剑眉，尉迟恭紫脸环眼暴目、虬须浓眉。二人双手或单手执仪仗兵器，腰间斜挎铜锏、钢鞭、箭袋、宝剑等武器，衣着有披袍式和披甲式两种。仪仗是古代帝王、官员出行

门神（清代年画）

秦 琼

时所持的旗、伞、扇、兵器等，门神所持仪仗兵器一般有金瓜、卧瓜、月斧、朝天镫、大戟等。

鞭锏门神、骑行门神的形象均源自明清时期隋唐小说对秦琼的描述，这类门神像民间最为常见。秦琼手持铜锏，尉迟恭手持钢鞭，腰间佩剑挂弓，身姿挺拔，或正脸或侧脸。秦琼身着铠甲，其样式多仿照戏曲人物造型，许多门神像还背插令旗。秦琼的持锏方式，有双手舞锏、单手举锏、单手抱锏、双手拄锏、单手拄锏等多种。骑行门神出现的时间较晚，一般都是侧脸，双手舞锏，多作秦琼与尉迟恭对战的样式。这类门神一般是骑着战马，也有骑神虎、仙鹿、麒麟等瑞兽的。

端坐门神是为迎合世俗需要出现的，以秦琼、尉迟恭为主神，将多种祈福元素糅合在一起。这类门神多张贴于民间内宅门上，其功能已由"避邪"变为"祈福"。门神像上，秦琼身着铠甲端坐，仪态安详，一般以正脸示人，也有少数是侧脸像。秦琼一手持斧钺或铜锏，一手持如意或捧蝙蝠，身前有几个小人，多是五子登科、和合二仙、麒麟献子、仙童献瑞等题材的人物，小人手中还拿着如意、笏板、官印、珊瑚等吉祥物件，寄托了家庭对子孙登科取仕、高中状元的希望。因秦琼、尉迟恭多手持斧钺且前各有五个小人，所以这类门神也称为"立斧门神""五子门神"。

秦琼的门神形象早已深入人心，门神秦琼所扮演的角色既不同于正史里的将军，也不同于民间文学里的草莽英雄，而是一个有超凡力量、正义的神话形象，寄托了百姓对生活平安的期盼和向往。

秦琼成了门神后，秦琼故乡出现了秦琼传说。

一夕化渊

约九百年前的一个夜晚,大雨滂沱中,济南城西门外突然响起一声轰鸣——四望湖突然塌陷,湖底出现一片深渊,大水哗哗灌入。翌日一早,人们大着胆子前往查看,觑到原本水面辽阔的四望湖消失了,取而代之的是一个深潭。面对突然出现的深渊,人们惊惶万状,坊间充斥了各种传闻。龙行有雨、龙跃于渊,思及于此,人们更是惴惴不安。不久以后,一则传说在济南城的大街小巷中流传开来——人们将这里说成是唐将秦琼的故宅,宅陷才得潭出。此后,再也没人畏惧这片水潭——"怕什么,门神爷镇着呢!"

元代济南人张养浩年少时常在城西玩耍,曾听到附近居民所讲的关于秦琼的一些传说。至治元年(1321)六月,张养浩辞官回乡。此后两三年间,五龙潭畔重修龙祥观,张养浩应邀撰写一篇《复龙祥观施田记》以记其事。在这篇记中,张养浩记录了当时流传的秦琼传说:"走卒卬数往来五龙潭,闻故老言,此唐胡国公秦琼第遗址。一夕雷雨,溃而为渊。有渔者善游,见阶陛皆玉石,尚隐隐可数。又有中酒卧水滨者,梦朱衣延至门,宫殿闳邃,未及入而寤。世神之,不敢字。或谓溃而为渊者,龙尝居焉,是宜为道士观,祠五方之龙,庶永镇兹土,罔有后艰。于是,其里好事家乃鸠工庀材,以构是观。于今殆八十余年矣。凡水旱疠疫,必祷;既祷,恒见应,居民益神之。"这篇记文首次记录城西水"五龙潭"一名,同时也是最早记录济南秦琼传说的文献。

秦琼传说,孕育于济南西关一带,是以秦琼为故事主体,以五龙潭

秦 琼

五龙潭

为故事主要发生地，以秦琼事迹及秦氏后代的衍生故事为主要内容，彰显济南人文特质的民间文学。这些传说与隋唐故事多有不同，它不仅继承了秦琼门神传说阻隔邪祟、护佑平安的内在特质，还将其糅合在秦琼家乡的人文风物中，是一个地域性非常强的故事体系，使秦琼的形象更具传奇色彩。

民间传说是口头文学，秦琼传说流传了几百年，不同时代、不同人群流传的传说文本也不尽相同。如今，在济南较为常见的秦琼传说文本是下面这样陈述的。

李渊、李世民在太原起兵，推翻荒淫无道的隋炀帝。接着，又南征北战，削平群雄。在李家父子统一天下的战争中，战场上冲锋陷阵的大将就有好汉秦琼。唐朝建立，秦琼功成名就，他辞去官职返回家乡，隐居在位于西关的府邸中。秦琼死后，其子孙仍居住在西关老宅中。

唐玄宗李隆基晚年沉迷女色，宠爱美人杨贵妃，朝政便由贵妃娘娘的堂兄杨国忠把持。一时间奸佞当道，忠贤遭斥，举国上下怨声载道。

秦琼的后人秉继先人遗风，崇侠尚义，在与一些好友聚会饮酒时，大谈朝政，借此发泄不满。不料，这些议政之语被奸佞小人密报官府。皇帝得知后大怒，以藐视圣上、诽谤朝政为由，派钦差到秦琼的家乡拘人问罪。

这位钦差一到齐州城，就听到街头巷尾的孩童唱着这样的歌谣："天何公？地何平？鸟尽良弓折，哪有理和情？"钦差不以为意，准备第二天就到秦府兴师问罪。谁知，当天傍晚忽然电闪雷鸣，风雨大作。有人看见五条蛟龙在秦府上空翻腾起舞，刹那间，轰隆一声，整个宅院下陷，成了一个深不见底的水潭。第二天，钦差一行来到潭边，仿佛神鬼差遣，一个个跳入水中，不见踪影。

至于新出现的这水潭究竟有多深，没人能说得出。当时有个好事的人接了九九八十一根绳子，坠上石头往潭里放，绳子放完了，还没有够到底。也有人说，要想探清五龙潭的底也不难，只要绕着潭边一棵老柳树正转三圈、倒转三圈，再爬上树梢，闭上眼睛使劲往潭心一跳，就能到潭底。说是这么说，可谁也没有试过。

此后若干年，一位水性极好的人在潭边钓鱼，他很想试试潭有多深，便跳入潭中。他潜入水潭深处，看到了当年的秦府依然矗立在水底。沿着宽阔的汉白玉台阶进入大殿，他发现一条蛟龙正在酣睡，便吓得悄悄退了出来。也有人说，他在潭底秦府前见到了当年的钦差和陷害秦琼子孙的小人，他们被缚在府前的拴马桩上，不停地说："我认罪！我认罪！"

秦琼传说还有另一个常见版本。

秦琼功成名就之后，退隐江湖，回到老家山东济南，过起闲云野鹤的生活。济南城泉水多,秦琼府邸中也有大小五眼泉水,每眼泉中各住了一位龙王。秦琼每日在院内读书、饮酒,渐渐与五眼泉的龙王熟识,并成了朋友。

某年大旱,山东各地河湖干涸,粮食绝产,饿殍遍地。秦琼悲悯百姓苦难,祈求五位龙王施展神通,用源源不断的甘甜泉水,帮齐州的百姓渡过了难关。百姓感激秦琼,便把他当作神明供奉。秦琼的口碑和神力,在百姓中渐传渐远、越传越神,终于有一天传到了远在京城的皇帝耳中。皇帝本来就对开国功臣有所忌惮,又听说秦琼受百姓爱戴,甚至有驭龙之术,这让自诩为真龙天子的皇帝惶惶不可终日。

恰在这段时间,皇帝每天晚上睡觉都会梦见一条恶龙,吓得无法正常休息,身体日渐疲乏憔悴。他认为这一定是秦琼心存不轨,故意使的妖术,于是下令召秦琼入朝,以查明真相并控制秦琼。秦琼早已不愿过问朝中之事,便托病请辞,不想入京。这下更激起了皇帝的猜忌和愤

五龙潭畔的
五龙壁

怒，他派出禁军直奔齐州，准备以忤逆之罪将秦琼一家满门抄斩。

消息传来，秦琼对皇帝非常失望。但一贯忠义的秦琼并不想与皇帝为敌，只好准备带家眷逃往深山躲避。未等秦琼逃离，秦琼宅邸就已被禁军包围。秦琼并不害怕自己丢了性命，却担心妻儿老小的安危。正在一筹莫展之际，五位龙王突然出现，说他们有办法救秦琼一家。正当禁军想要冲破秦琼宅邸大门时，只听天崩地裂一声响，滚滚泉水从宅院四周的地下涌出，秦府慢慢下沉，不一会儿就消失在一片水泽中。禁军眼前只留下一个深潭，潭水清澈，却深不见底。官军被吓得失魂落魄，纷纷跪下叩拜，悻悻而走。

后世传言，秦琼和家人被五位龙王救去了水下的龙宫居住。皇帝见秦琼有如此神力却不反抗，确信他为忠义之臣，后悔不该猜忌秦琼；又认为秦琼确实能够驾驭龙王，于是把他画像贴在门上，作为门神以求平安。从那以后，皇帝果然没有再梦见恶龙，得以安睡，而把秦琼作为门神的习俗也流传下来。那片据说藏着秦琼府的深潭，后来便被称作"五龙潭"。

故老相传

"秦琼家住山东济南府历城县的水南寨（智勇全才）。结交好汉，仗义疏财（闯出天涯）。想当初，买家楼上曾结拜（天上英雄来）。到了河南府，大伙哨聚瓦岗寨（挂起招军牌）。夜打登州，赴过沿海（比棒逗奇才）。好一对熟铅锏，打得隋家江山败（李渊洪福来）。好一个秦叔宝，争了个国公把君王败（帅印挂在怀）。"——这是清代流传在

秦 琼

济南一带的民歌俗曲《马头调·秦琼》。

元代开始，秦琼的形象在其家乡人心中变得非常高大。济南的市井乡间，无论大人小孩，几乎人人都能说出几段关于秦琼的故事和传说。虽然这些传说只在口头流传，但人们总能在现实中找到事件发生地或与之相对应的景观。秦琼传说大多都发生在五龙潭附近，所以这一带关于秦琼的景观就特别多。这里不仅存在着五龙潭、回马泉等与秦琼传说有关的自然景观，而且人们在五龙潭畔修建了秦琼故宅、秦琼祠等人文建筑。

五龙潭旧貌
（摄于1962年）

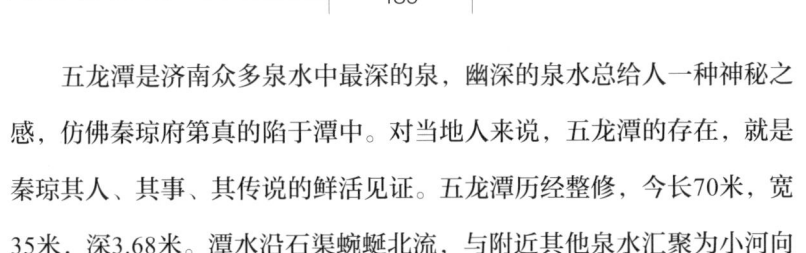

五龙潭是济南众多泉水中最深的泉，幽深的泉水总给人一种神秘之感，仿佛秦琼府第真的陷于潭中。对当地人来说，五龙潭的存在，就是秦琼其人、其事、其传说的鲜活见证。五龙潭历经整修，今长70米，宽35米，深3.68米。潭水沿石渠蜿蜒北流，与附近其他泉水汇聚为小河向北流去。

历史上，五龙潭一带最初是一片大湖。北魏《水经注·济水二》曾记载："（泺水）其水北为大明湖，西即大明寺，寺东北两面侧湖，此水便成净池也。"当时，因湖西岸有一座大明寺，这片湖便被人们称为"大明湖"（非今日之大明湖）。此后，这一片水域又被称为"四望湖"，其说见于北宋《太平寰宇记》一书引用的山东地区早期的通志之一《三齐记》的记载。

宋金之际的傀儡政权大齐开凿了小清河，导济南城西诸水东去，这片湖水的水域面积迅速减小。根据当代钻探可知，这片水域的水底上层是21.5米厚的第四纪黏土层，其下是40米厚的闪长岩，闪长岩下面是奥陶纪灰岩，石灰岩长期被地下水溶蚀，形成了一个溶洞。金代中后期，西关外水流、水压等因素的变化，导致了地质不稳定，水下的黏土层和闪长岩塌陷，地下溶洞被侵蚀破坏形成塌陷，形成深渊。于是，"湖"变为了"潭"。这就是张养浩所称的"一夕雷雨，溃而为渊"，秦琼传说也随之产生，并迅速在济南广为流传。

"五龙潭"一名则源自民间对五方神龙的崇拜，这一名称出现于金末元初，比秦琼传说的出现要晚一些。元代赵本立所撰《重建五龙堂记略》中说道："历下名泉众矣，独在城西有潭，深且阔。故老相传，以为斯渊有神龙，故曰五龙潭。"五龙潭四周还分布有二十余处泉水，其

秦 琼

回马泉

中有一处回马泉，也与秦琼传说中的一则故事有关。

回马泉位于五龙潭东南二十米，原名灰马泉、灰马池，清代及民国时期曾传说这里是秦琼故宅外的饮马池。

据唐代《酉阳杂俎》记载，秦琼的战马名叫忽雷驳。关于"驳"，《山海经》记载："中曲之山，有兽焉，其状如马而白身黑尾，一角，虎牙爪，音如鼓，其名曰驳，是食虎豹，可以御兵。"忽雷驳的毛色黑白斑驳，民间则称这种毛色的马为"灰马"。传说中饮过忽雷驳的泉池，自然便被命名为灰马泉。

灰马泉叫久了，便取其谐音讹写为回马泉。定名为回马泉后，民间又演绎出新的传说故事。传说最初这里并没有泉水，秦琼在府邸外遛马时，战马突然腾空嘶鸣，前蹄落地时，马蹄砸出一个泉眼，就有了回马泉。还有一则传说，说秦琼最初当捕快时，追赶贼人至西门外，秦琼骑马持锏与贼人交战。在鏖战中，秦琼的战马猛一回身，蹄力过猛，马蹄落处一泓清泉从地中汩汩冒出，这就是回马泉。

回马泉迤南不远有一条箅子巷，巷口曾有一家玉美斋食品店，据传这里是贾柳店旧址，秦琼曾在这里与诸多好汉结义。在中国演义小说作品中，有两次非常出名的结义，一次是三国故事中的桃园结义，另一次则是隋唐故事中的贾柳店结义。贾柳店也作贾家店、贾柳楼、贾家楼，是秦琼的朋友贾闰甫开设的旅店（《说唐演义全传》中称是贾闰甫、柳周臣两人合开）。贾柳店的位置在齐州城西门外，也就是近代玉美斋所在的这一个位置。

隋大业二年（606），秦琼母亲过寿时，秦琼的一众好友前来贺寿。秦琼义薄云天、豪爽仗义，朋友更是来自五湖四海。一众英雄在贾柳店聚餐，徐茂公提议道："今日众英雄齐集，是很难得的。今叔宝兄如此仗义，何不就在此处摆设香案，大家歃血为盟，以后必须生死相救，患难相扶，不知众位意下如何？"秦琼等一众英雄齐声称是。于是就在贾柳店的二楼摆设香案，众人歃血为盟。徐茂公撰写的《盟单》道："维大业二年九月二十二日，有徐世勣、魏徵、秦琼、单通、张公瑾、史大奈、尉迟南、尉迟北、鲁明星、鲁明月、南延平、北延道、白显道、樊虎、连明、金甲、童环、屈突通、屈突盖、齐国远、李如珪、贾闰甫、柳周臣、王勇、尤通、程咬金、梁师徒、丁天庆、盛彦师、黄天虎、李

秦 琼

成龙、韩成豹、张显扬、何金爵、谢映登、濮固忠、费天喜、柴绍、罗成三十九人，歃血为盟。不愿同日生，只愿同日死。吉凶相共，患难相扶，如有异心，天神共鉴。"这些结义的秦琼友人中，日后有不少都成为唐朝的开国元勋。贾柳店结义的人物和人数，在各类演义小说和评书作品中的说法并不一致，他们的人生结局也不尽相同，但这并不妨碍贾柳店结义被传为美谈。

五龙潭南侧曾有一棵老槐树，传说秦琼曾拴马于此，称为"唐槐"。无独有偶，千佛山半山腰也有一株槐树称为"唐槐"。相传，秦琼为母尽孝，经常去千佛山烧香祈福。骑马至此，即将马拴于树上，然后到山上寺院为母亲祈福。后人便称此槐为"秦琼拴马槐"，它是秦琼"孝"的见证。后来古槐半枯，又有一株幼树从空腔中勃然而生，犹如慈母怀抱婴儿，故又称"母抱子槐"。

也有传说称，千佛山唐槐处曾是秦琼庙的遗址。因秦琼是仁义之

拴马槐

士,且能捉鬼除妖,被唐太宗封为"门神"后,人们在他的家乡建起了这座祠堂。在修建秦琼庙时,塑了一座秦琼像,奇怪的是,这座泥塑总站不牢稳,经常在深夜慢慢歪倒。第二天清晨,人们发现后急忙将秦琼塑像摆正,但次日一看又是歪的,如此数次。人们以为是塑像结构不合理,但仔细检查修正后仍然如此,人们百思不得其解。最后,一位老者猜到了原因:"在此建祠庙纪念秦琼本应有理,可秦琼是忠臣,他一生都在扶持唐太宗李世民,死后岂能愿意独占主位?"众人释然,便在秦琼塑像前竖了一道李世民的牌位,秦琼像这才昂首挺胸地竖立起来。这虽然只是一个传说,但印证了民间对秦琼"忠"的认可。

从元代张养浩记述"闻故老言"的那些故事开始,秦琼传说已在济南民间流传八百余年。清末宋恕路过济南时,还能见到五龙潭畔的乡民聚在一起闲聊秦琼传说——"胡国宅犹记,唐家陵久平。二三老农贩,闲坐说秦琼。"历经岁月风霜,虽然关于秦琼的历史遗迹大多不复存在,但秦琼传说却鲜活地流传下来,与五龙潭、秦琼祠等景物相呼应。

望隆桑梓

民间传说中,济南五龙潭是秦琼故宅的所在地。

秦琼故宅在五龙潭的说法,最早见于元代张养浩的记述。明代以后,有好事者根据秦琼第陷于泓渊的传说,在五龙潭西南修建了一座宅院,并将其称为"秦琼故宅"。当然,这只是一座秦氏祠堂,并非传说中沉陷水底的那座秦琼第。秦琼故宅前曾有一块清顺治年间刻立的秦叔宝故宅碑,碑高190厘米、宽98厘米,碑顶呈圆弧形。上书"唐左武卫大

秦 琼

《唐左武卫大将军胡国公秦叔宝故宅》碑

将军胡国公秦叔宝之故宅",碑文分作两行,字为隶书阴文。

明崇祯《历城县志》记载:"秦叔宝宅,在西关沙苑。子孙世以铁冶为业,世称铸铁秦家云。"济南的秦姓家族多自称是秦琼后人,所以有人便在秦琼传说的发源地购置产业。"西关沙苑"位于五龙潭迤西,即今花店街东段一带。有一支秦氏族人世居于此,以铸铁为业,人称"铸铁秦家"。一直到清代,西关沙苑附近还有秦氏产业。

清嘉庆年间尹廷兰《华不注山房文集》对复建的秦琼故宅描述较为详细:"胡公宅址在铁塔西阛阓间,其地冈阜塽垲,今为客邸,里人所谓花店者也。每岁腊月,卖花者麇集,秦氏裔孙来收花税。其事虽不经,然父老相传已久,不可谓无征矣。"此时,秦氏家族在西关沙苑的产业也被讹传为秦琼故宅,并成为三家旅店,每逢新年便都会有绢花商人来此处贩卖绒花、绢花,秦氏后人每年腊月会来收取花税,这条街巷也因此被命名为"花店街"。

清代,秦琼故宅逐渐与五龙潭西岸的五龙宫、潭西精舍融为一体。直到民国时期,这里仍是一处优美的园林景观,成为中西医院和医科学校的一部分。1934年4月,民主人士柳亚子偕妻子服侍老母北游,曾到济南一游,寻访秦琼故宅及潭西精舍故址。他看到秦叔宝故宅石刻后,作诗道:"驱车来访五龙潭,精舍潭西水蓄涵。闻道秦琼留故宅,风云无分见奇男。"民国以后，秦琼祠堂逐渐破败，后被拆除。

20世纪80年代，沉寂已久的五龙潭又热闹起来，人们修葺石岸、假山，建造展厅、游廊，并以五龙潭为核心景观建成了五龙潭公园。2010年，又在五龙潭西北复建了秦琼故宅，并称之为"秦琼祠"。

秦琼祠占地面积1200平方米，建筑面积600平方米。整组建筑为唐代风格，由大门、正殿、东廊、西亭廊组成，大门外建有影壁，与建筑呼应。

秦琼祠影壁上雕刻了两匹秦琼的战马——黄骠马和呼雷豹（又名忽雷驳）。在《隋唐演义》等小说中，秦琼最初的坐骑为黄骠马，这种黄马的身上和头上有一些白点，所以又叫作西凉玉顶干草黄。同时，这马即使吃饱了肋骨也非常明显，所以又名透骨龙。《说唐演义全传》中还曾说道，黄骠马阵亡后，秦琼又抢来了尚师徒的坐骑呼雷豹。此马平时不叫，颔下有一肉瘤，肉瘤上有三根毛，一抓肉瘤马即轻叫，一拉上面

秦琼祠山门

秦 琼

的毛便叫声若雷。

秦琼祠山门为唐式建筑，上有"秦琼祠"匾额。祠庙直呼祀主姓名自是不妥，但济南有纪念曾巩的南丰祠、纪念李清照的漱玉祠、纪念辛弃疾的稼轩祠，"秦琼祠"便是模仿这一惯例。山门前悬挂着一副康有为当年给秦琼故宅书写的对联，联文为："身通百战术，气作万夫雄。"联文化用唐代大诗人李白《送梁公昌从信安北征》中的诗句"高谈百战术，郁作万夫雄"，大意是秦琼精通百战百胜之术，是力敌万夫的大英雄。山门内西侧竖立有一块石碑，刊刻了《旧唐书·秦叔宝传》的内容。

秦琼祠正殿也是唐式建筑，大殿檐廊悬挂有"忠义千秋"匾额，称赞秦琼忠诚、义气之名垂范千古。正殿廊柱悬挂有一副楹联："黄骠锏锏隋唐业，大义精忠海岱魂。"上联描绘了秦琼在通俗文学中的形象和

秦琼祠大殿

事迹，下联谓秦琼表现出来的忠义精神，这恰恰是山东人的优良品性。大殿门上还悬挂有一块匾额，上书"义薄云天"，称赞秦琼有情有义，正义之气为人景仰。

正殿内有一座高3.6米的秦琼坐像，身披戎装，手持令节，腰插军配，威严庄重。秦琼像后有一块"英风永存"匾额，两侧悬挂有一副龙门对楹联："民间传说为朋友插刀两肋中义薄九天四海皆仰秦叔宝，历史记载擒敌酉攫锋二百次血出数斛三军尽服胡国公。"上联讲的是小说故事，秦叔宝为救朋友，染面涂须去登州冒充响马，路过两肋庄时，秦琼在岔道想起老母妻儿，最终还是为朋友去了登州。后来传来传去，秦琼为朋友两肋庄走岔道就变成了秦琼为朋友两肋插刀。下联讲的是历史记载，据《旧唐书》《新唐书》的记载，秦琼自述一生冲锋陷阵二百余次，流的血可以用斛来称量，英勇气镇三军。

秦琼祠大殿西侧为集英亭，寓意小说中的秦琼为人慷慨仗义，广交天下英豪。秦琼祠东侧为建节轩，轩前悬挂有"望隆桑梓"匾额，寓意历史中的秦琼建功立业，名望重于乡里。秦琼祠正殿东西两侧抄手游廊

秦琼祠中的秦琼像

秦琼

中，还悬挂有"建节""骠骑""龙骧""尚勇""忠信"等匾额，彰显秦琼在历史中的功绩。

秦琼祠院内西南隅立有两通石碑，一通为复制的《秦爱墓志》，一通为《唐左武卫大将军胡国公秦叔宝之故宅》碑。《唐左武卫大将军胡国公秦叔宝之故宅》碑是与秦琼传说有关的唯一一件实物证据，原在五龙潭西南的秦琼故宅门前。五龙潭公园建成后，它被移至五龙潭西南隅；秦琼祠建成后，又移至祠内。秦琼祠院落中，还有一尊高2米的铸铜三足大鼎，鼎壁外铸有"忠""孝""义""勇""信"五个大字，称赞秦琼忠、孝、义、勇、信的精神垂世。

在秦琼的家乡——济南，我们能听到许多关于秦琼的故事，看到许多与秦琼有关的自然景观和历史遗存。无论是在讲史小说还是民间传说中，也无论是古代还是当下，秦琼都获得了超凡的地位，成为勇武、忠义的象征，继而转化为历史与文化相结合的存在。

临了，引用《隋史遗文》中的一首小诗来结束秦琼这一话题：

天生豪杰不寻常，去就还须顺彼苍。
好为真人扶社稷，莫依僭窃逞强梁。
兜鍪博得君恩重，介胄赢将子荫长。
更是功名标史笔，传来千古有余香。

附篇

关于秦琼的部分史料

秦琼

《旧唐书》卷六十八·列传第十八

秦叔宝名琼,齐州历城人。大业中,为隋将来护儿帐内。叔宝丧母,护儿遣使吊之,军吏怪曰:"士卒死亡及遭丧者多矣,将军未尝降问,独吊叔宝何也?"答曰:"此人勇悍,加有志节,必当自取富贵,岂得以卑贱处之?"

隋末群盗起,从通守张须陀击贼帅卢明月于下邳。贼众十余万,须陀所统才万人,力势不敌,去贼六七里立栅,相持十余日,粮尽将退,谓诸将士曰:"贼见兵却,必轻来追我。其众既出,营内即虚,若以千人袭营,可有大利。此诚危险,谁能去者?"人皆莫对,唯叔宝与罗士信请行。于是须陀委栅遁,使二人分领千兵伏于芦苇间。既而明月果悉兵追之，叔宝与士信驰至其栅，栅门闭不得入，二人超升其楼，拔贼旗帜，各杀数人，营中大乱。叔宝、士信又斩关以纳外兵，因纵火焚其三十余栅，烟焰涨天。明月奔还，须陀又回军奋击，大破贼众。明月以数百骑遁去，余皆虏之。由是勇气闻于远近。

又击孙宣雅于海曲，先登破之。以前后累勋授建节尉。从须陀进击李密于荥阳，军败，须陀死之，叔宝以余众附裴仁基。会仁基以武牢降于李密，密得叔宝大喜，以为帐内骠骑，待之甚厚。密与化及大战于黎阳童山，为流矢所中，堕马闷绝。左右奔散，追兵且至，唯叔宝独捍卫之，密遂获免。叔宝又收兵与之力战，化及乃退。后密败，又为王世充所得，署龙骧大将军。叔宝薄世充之多诈，因其出抗官军，至于九曲，与程知节、吴黑闼、牛进达等数十骑西驰百许步，下马拜世充曰："虽蒙殊礼，不能仰事，请从此辞。"世充不敢逼，于是来降。

高祖令事秦府，太宗素闻其勇，厚加礼遇。从镇长春宫，拜马军总管。又从征于美良川，破尉迟敬德，功最居多。高祖遣使赐以金瓶，劳之曰："卿不顾妻子，远来投我，又立功效。朕肉可为卿用者，当割以赐卿，况子女玉帛乎？卿当勉之。"寻授秦王右三统军。又从破宋金刚于介休。录前后勋，赐黄金百斤、杂彩六千段，授上柱国。从讨王世充，每为前锋。太宗将拒窦建德于武牢，叔宝以精骑数十先陷其阵。世充平，进封翼国公，赐黄金百斤、帛七千段。从平刘黑闼，赏物千段。

叔宝每从太宗征伐，敌中有骁将锐卒，炫耀人马，出入来去者，太宗颇怒之，辄命叔宝往取。叔宝应命，跃马负枪而进，必刺之万众之中，人马辟易，太宗以是益重之，叔宝亦以此颇自矜尚。

六月四日，从诛建成、元吉。事宁，拜左武卫大将军，食实封七百户。其后每多疾病，因谓人曰："吾少长戎马，所经二百余阵，屡中重疮。计吾前后出血亦数斛矣，安得不病乎？"十二年卒，赠徐州都督，陪葬昭陵。太宗特令所司就其茔内立石人马，以旌战阵之功焉。十三年，改封胡国公。十七年，与长孙无忌等图形于凌烟阁。

《新唐书》卷八十九·列传第十四

秦琼字叔宝，以字显，齐州历城人。始为隋将来护儿帐内，母丧，护儿遣使襚吊之。吏怪曰："士卒死丧，将军未有所问，今独吊叔宝何也？"护儿曰："是子才而武，志节完整，岂久处卑贱邪？"

俄从通守张须陀击贼卢明月下邳，贼众十余万，须陀所统才十之一，坚壁未敢进，粮尽，欲引去。须陀曰："贼见兵却，必悉众追我，

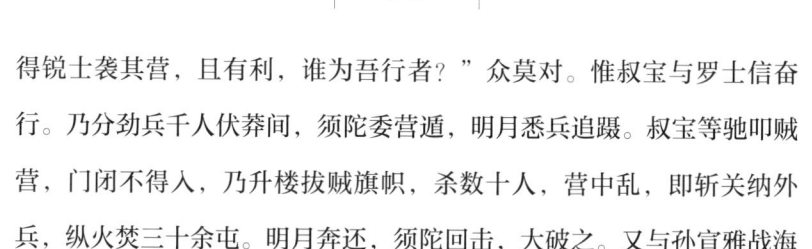

得锐士袭其营,且有利,谁为吾行者?"众莫对。惟叔宝与罗士信奋行。乃分劲兵千人伏莽间,须陀委营遁,明月悉兵追蹑。叔宝等驰叩贼营,门闭不得入,乃升楼拔贼旗帜,杀数十人,营中乱,即斩关纳外兵,纵火焚三十余屯。明月奔还,须陀回击,大破之。又与孙宣雅战海曲,先登。以前后功擢建节尉。

从须陀击李密荥阳。须陀死,率残兵附裴仁基。仁基降密,密得叔宝大喜,以为帐内骠骑,待之甚厚。密与宇文化及战黎阳,中矢堕马,滨死,追兵至,独叔宝捍卫得免。

后归王世充,署龙骧大将军。与程咬金计曰:"世充多诈,数与下咒誓,乃巫妪,非拨乱主也。"因约俱西走,策其马谢世充曰:"自顾不能奉事,请从此辞。"贼不敢逼,于是来降。

高祖俾事秦王府,王尤奖礼。从镇长春宫,拜马军总管。战美良川,破尉迟敬德,功多,帝赐以黄金瓶,劳曰:"卿不恤妻子而来归我,且又立功,使朕肉可食,当割以啖尔,况子女玉帛乎!"寻授秦王右三统军,走宋金刚于介休,拜上柱国。从讨世充、建德、黑闼三盗,未尝不身先锋鏖阵,前无坚对。积赐金帛以千万计,进封翼国公。每敌有骁将锐士震耀出入以夸众者,秦王辄命叔宝往取之,跃马挺枪刺于万众中,莫不如志,以是颇自负。及平隐、巢,功拜左武卫大将军,实封七百户。

后稍移疾,尝曰:"吾少长戎马间,历二百余战,数重创,出血且数斛,安得不病乎?"卒,赠徐州都督,陪葬昭陵。太宗诏有司琢石为人马立墓前,以旌战功。贞观十三年,改封胡国公。

后四年,诏司徒、赵国公无忌,司空、河间王孝恭,司空、莱国

秦琼

公如晦、司空、太子太师、郑国公徵，司空、梁国公玄龄，开府仪同三司、鄂国公敬德，特进、卫国公靖，特进、宋国公瑀，辅国大将军、褒国公志玄，辅国大将军、夔国公弘基，尚书左仆射、蒋国公通，陕东道行台右仆射、郧国公开山，荆州都督、谯国公绍，荆州都督、邳国公顺德，洛州都督、郧国公亮，吏部尚书、陈国公君集，左骁卫大将军、郯国公公谨，左领军大将军、卢国公知节，礼部尚书、永兴郡公世南，户部尚书、渝国公政会，户部尚书、莒国公俭，兵部尚书、英国公勣，并叔宝，并图形凌烟阁。高宗永徽六年，遣使致祭名臣图形凌烟阁者凡七人，徵、士廉、瑀、志玄、弘基、世南、叔宝，皆始终著名者也。

《资治通鉴》隋纪、唐纪（摘录）

《资治通鉴》书影

隋纪六·大业十年

（十二月）涿郡贼帅卢明月众十余万军祝阿，须陀将万人邀之。相持十余日，粮尽，将退，谓将士曰："贼见吾退，必悉众来追，若以千人袭据其营，可有大利。此诚危事，谁能往者？"众莫对，唯罗士信及历城秦叔宝请行。于是须陀委栅而遁，使二人分将千兵伏葭苇中，明月悉众追之。士信、叔宝驰至其栅，栅门闭，二人超升其楼，各杀数人，营中大乱；二人斩关以纳外兵，因纵火焚其三十余栅，烟焰涨天。明月奔还，须陀回军奋击，大破之，明月以数百骑遁去，所俘斩无算。叔宝名琼，以字行。

隋纪七·义宁元年

（四月）密得秦叔宝及东阿程咬金，皆用为骠骑。选军中尤骁勇者八千人，分隶四骠骑以自卫，号曰内军，常曰："此八千人足当百万。"咬金后更名知节。罗士信、赵仁基皆帅众归密，密署为总管，使各统所部。

唐纪一·武德元年

（七月）密知化及军粮且尽，因伪与和；化及大喜，恣其兵食，冀密馈之。会密下有人获罪，亡抵化及，具言其情，化及大怒，其食又尽，乃渡永济渠，与密战于童山之下，自辰达酉；密为流矢所中，堕马闷绝，左右奔散，追兵且至，唯秦叔宝独捍卫之，密由是获免。叔宝复收兵与之力战，化及乃退。化及入汲郡求军粮，又遣使拷掠东郡吏民以责米粟。王轨等不堪其弊，遣通事舍人许敬宗诣密请降；密以轨为滑州总管，以敬宗为元帅府记室，与魏徵共掌文翰。

秦 琼

唐纪三·武德二年

（闰二月）己未，世充寇穀州。世充以秦叔宝为龙骧大将军，程知节为将军，待之皆厚。然二人疾世充多诈，知节谓叔宝曰："王公器度浅狭而多妄语，好为咒誓，此乃老巫妪耳，岂拨乱之主乎！"世充与唐兵战于九曲，叔宝、知节皆将兵在陈，与其徒数十骑，西驰百许步，下马拜世充曰："仆荷公殊礼，深思报效；公性猜忌，喜信谗言，非仆托身之所，今不能仰事，请从此辞。"遂跃马来降，世充不敢逼。上使事秦王世民，世民素闻其名，厚礼之，以叔宝为马军总管，知节为左三统军。时世充骁将又有骠骑武安李君羡、征南将军临邑田留安，亦恶世充之为人，帅众来降。世民引君羡置左右，以留安为右四统军。

唐纪四·武德二年

（十二月）尉迟敬德、寻相将还浍州，秦王世民遣兵部尚书殷开山、总管秦叔宝等邀之于美良川，大破之，斩首二千余级。顷之，敬德、寻相潜引精骑援王行本于蒲反，世民自将步骑三千从间道夜趋安邑，邀击，大破之。敬德、相仅以身免，悉俘其众，复归柏壁。

唐纪四·武德四年

（正月）丙戌，黔州刺史田世康攻萧铣五州、四镇，皆克之。

秦王世民选精锐千余骑，皆皂衣玄甲，分为左右队，使秦叔宝、程知节、尉迟敬德、翟长孙分将之。每战，世民亲被玄甲帅之为前锋，乘机进击，所向无不摧破，敌人畏之。行台仆射屈突通、赞皇公窦轨引兵按行营屯，猝与王世充遇，战不利。秦王世民帅玄甲救之，世充大败，获其骑将葛彦璋，俘斩六千余人。世充遁归。

唐纪五·武德四年

（三月）时正昼出兵，历北邙，抵河阳，趋巩而去。王世充登城望见，莫之测也，竟不敢出。

癸未，世民入武牢；甲申，将骁骑五百，出武牢东二十余里，觇建德之营。缘道分留从骑，使李世勣、程知节、秦叔宝分将之，伏于道旁，才余四骑，与之偕进。

（四月）世民帅骑赴之，所向皆靡。淮阳王道玄挺身陷陈，直出其后，复突陈而归，再入再出，飞矢集其身如猬毛，勇气不衰，射人，皆应弦而仆。世民给以副马，使从己。于是诸军大战，尘埃涨天。世民帅史大奈、程知节、秦叔宝、宇文歆等卷旆而入，出其陈后，张唐旗帜，建德将士顾见之，大溃，追奔三十里，斩首三千余级。

唐纪六·武德五年

（正月）洺水人李去惑据城来降，秦王世民遣彭公王君廓将千五百骑赴之，入城共守。二月，刘黑闼引兵还攻洺水，癸亥，行至列人，秦王世民使秦叔宝邀击，破之。

唐纪七·武德九年

（六月）会突厥郁射设将数万骑屯河南，入塞，围乌城，建成荐元吉代世民督诸军北征，上从之，命元吉督右武卫大将军李艺、天纪将军张瑾等救乌城。元吉请尉迟敬德、程知节、段志玄及秦府右三统军秦叔宝等与之偕行，简阅秦王帐下精锐之士以益元吉军。

（七月）己丑，柴绍破突厥于秦州，斩特勒一人，士卒首千余级。以秦府护军秦叔宝为左卫大将军，又以程知节为右武卫大将军，尉迟敬德为右武候大将军。

秦 琼

唐纪十二·贞观十七年

（二月）戊申，上命图画功臣赵公长孙无忌、赵郡元王孝恭、莱成公杜如晦、郑文贞公魏徵、梁公房玄龄、申公高士廉、鄂公尉迟敬德、卫公李靖、宋公萧瑀、褒忠壮公段志玄、夔公刘弘基、蒋忠公屈突通、郧节公殷开山、谯襄公柴绍、邳襄公长孙顺德、郧公张亮、陈公侯君集、郯襄公张公谨、卢公程知节、永兴文懿公虞世南、渝襄公刘政会、莒公唐俭、英公李世勣、胡壮公秦叔宝等于凌烟阁。

秦爱墓志铭并序

《秦爱墓志铭》
（拓片）

君讳爱，字季养，齐郡历城人。若夫华渚导其洪源，赵城开其累构。台铉相□，簪缨继轨。汉世功臣，简侯憨山河之绩；魏朝令望，中郎擅瑚琏之珍。名器并隆，徽猷无绝。祖孝达，魏广年县令。虽复鸣弦下邑，治丝之巧，未申制锦，良工操刀，之用方远。父方太，齐广宁王府记室。元瑜书记，德施文词；晋蕃伫其良规，魏后称其愈疾。世德攸归，诞生时彦。君幼禀仁孝，率性温恭。器度幽□，津涯罕测；加以诚信待物，行义绝伦；由是淳笃之誉，闻于州里；群

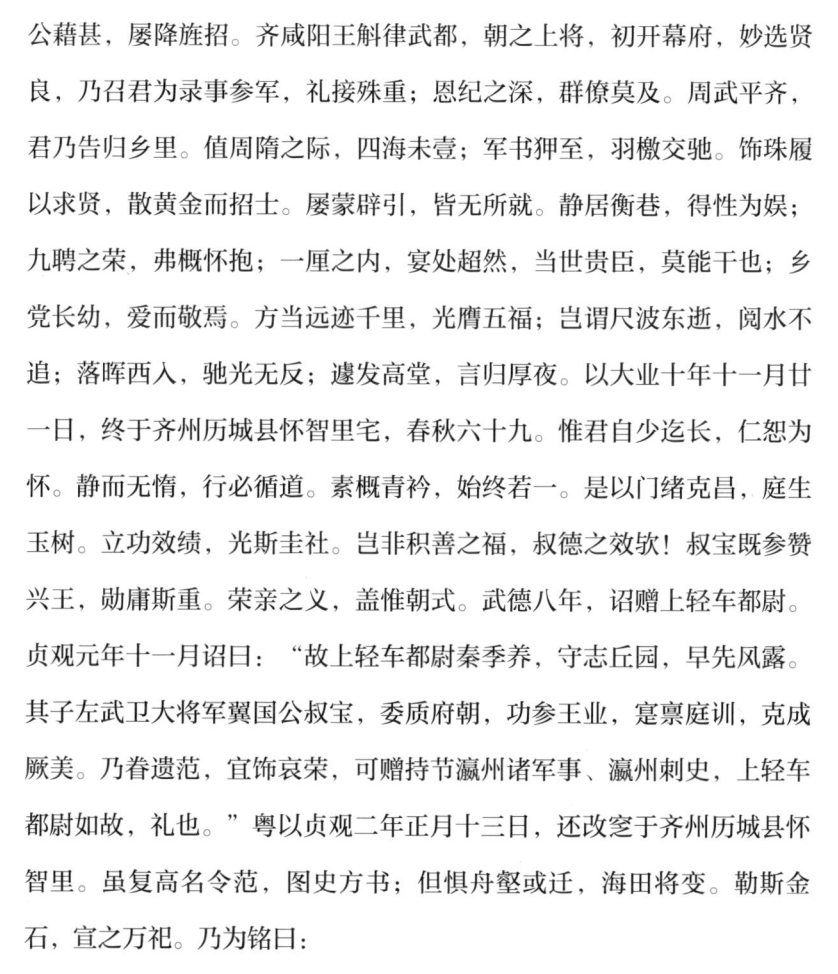

公藉甚，屡降旌招。齐咸阳王斛律武都，朝之上将，初开幕府，妙选贤良，乃召君为录事参军，礼接殊重；恩纪之深，群僚莫及。周武平齐，君乃告归乡里。值周隋之际，四海未壹；军书狎至，羽檄交驰。饰珠履以求贤，散黄金而招士。屡蒙辟引，皆无所就。静居衡巷，得性为娱；九聘之荣，弗概怀抱；一厘之内，宴处超然，当世贵臣，莫能干也；乡党长幼，爱而敬焉。方当远迹千里，光膺五福；岂谓尺波东逝，阅水不追；落晖西入，驰光无反；遽发高堂，言归厚夜。以大业十年十一月廿一日，终于齐州历城县怀智里宅，春秋六十九。惟君自少迄长，仁恕为怀。静而无惰，行必循道。素概青衿，始终若一。是以门绪克昌，庭生玉树。立功效绩，光斯圭社。岂非积善之福，叔德之效欤！叔宝既参赞兴王，勋庸斯重。荣亲之义，盖惟朝式。武德八年，诏赠上轻车都尉。贞观元年十一月诏曰："故上轻车都尉秦季养，守志丘园，早先风露。其子左武卫大将军翼国公叔宝，委质府朝，功参王业，寔禀庭训，克成厥美。乃眷遗范，宜饰哀荣，可赠持节瀛州诸军事、瀛州刺史，上轻车都尉如故，礼也。"粤以贞观二年正月十三日，还改窆于齐州历城县怀智里。虽复高名令范，图史方书；但惧舟壑或迁，海田将变。勒斯金石，宣之万祀。乃为铭曰：

　　远胄蝉联，洪源淼漫；儒盛邹鲁，将传巴汉。才迈折冲，勋深翼赞；门袭缨冕，家传栋干。世载明哲，爰挺若人；玉韫荆岫，珠明汉滨。矫矫跨俗，温温润身；禀和藏用，抱璞含真。结发束脩，伏膺名教；蹈义怀礼，资忠履孝。我有明德，民胥攸效；戢羽栖鸳，潜晖文豹。方享荣养，允膺眉寿；千月不留，百龄谁后。忽矣浮促，遂襄长久；负雪遽雕，凌云先朽。令胤逢时，高衢骋力；逸

秦 琼

足致远,冯凤假翼。乃降追荣,戎章是饰;龟筮爰兆,言遵茔域。去此华屋,迁兹墓田;断绝哀挽,荒凉远阡。苍苍晓月,沉沉暝烟;令德高誉,徽猷永传。